D1734190

Wortschatz
in BILDERN

Spanisch

Neubearbeitung 2022

PONS GmbH
Stuttgart

Neubearbeitung auf der Basis von
Langenscheidt Wortschatz Spanisch Bild für Bild

ISBN 978-3-468-20223-0
Kreative Umsetzung und Autoren Beispielsätze:
Arndt Knieper, Martin Waller
Spanische Übersetzung: Roberto C. Arias Oliveira

1. Auflage 2022 (1,01 – 2022)
© PONS GmbH, Stuttgart 2022
Alle Rechte vorbehalten

www.pons.de
Email: info@pons.de

Projektleitung: Christiane Mackenzie
Design und Layout: zweiband.media, Berlin
Druck und Bindung: Multiprint GmbH, Konstinbrod

ISBN: 978-3-12-516286-0

INHALT

Sie wollen Spaß beim Lernen haben und nicht nur stur pauken?

Dann ist der PONS Wortschatz in Bildern genau das Richtige für dich. Dieser völlig neu konzipierte Wortschatz garantiert einen höchst vergnüglichen Lernerfolg.

Und das funktioniert so: Schon die Verknüpfung von einprägsamen Bildern mit einem Wort und die Verwendung des Wortes in einem Beispielsatz lassen die Wörter gut in Erinnerung bleiben. Noch besser funktioniert das, wenn es etwas zu lachen gibt. Ein witziger oder ironischer Zusammenhang zwischen Wort, Bild und Beispielsatz wirkt merk-würdig im besten Sinne, und am Ende wirst du feststellen: Du hattest nicht nur viel zu lachen, du hast dir auch viel gemerkt.

el cepillo de dientes
[θe'piʎo ðe 'ðĩentes] *n*
die Zahnbürste

El **cepillo de dientes** era una señal segura: se iba a quedar.

Die Zahnbürste war ein sicheres Zeichen: Sie würde bleiben.

el secador (de pelo)
[seka'ðɔr (ðe 'pelo)] *n*
der Föhn

Que un simple **secador** pueda producir tales sensaciones…

Dass ein einfacher Föhn solche Gefühle wecken kann…

el cepillo de pelo
[θe'piʎo ðe 'pelo] *n*
die Haarbürste

el jabón
[xa'βɔn] *n*
die Seife

la crema
['krema] *n*
die Creme

el dentífrico
[den'tifriko] *n*
die Zahnpasta

1 Der Wortschatz ist nach fünf großen Lebensbereichen gegliedert und nach Häufigkeit, Aktualität und Gebrauchswert ausgesucht. Die Wörter stehen also in einem thematischen Zusammenhang, was das Lernen noch leichter macht.

2 Zusätzliche Wortlisten ergänzen und erweitern den Wortschatz.

3 quedarse con
[ke'ðarse kɔn] *v*
behalten

4 Papá, por favor, ¿podemos **quedárnoslo**?

Papa, bitte, können wir ihn behalten?

3 Zu jedem Wort ist die Wortart, die Aussprache mit der IPA-Lautschrift (siehe Seite 8) und die deutsche Übersetzung angegeben.

4 Das Stichwort ist zur schnelleren Orientierung in blauer Schrift hervorgehoben. So erkennst du es auch im Beispielsatz sofort.

desde
['dezðe] *prep*
lang, seit

Desde la Edad de Piedra,
el hombre intenta seguir
formándose.

*Seit der Steinzeit versucht der
Mensch, sich weiterzubilden.*

*desde bezieht sich
auf einen bestimmten
Zeitpunkt oder einen
beendeten Zeitraum,
desde hace bezieht
sich immer auf einen
andauernden Zeitraum.*

5

● Und wenn du ein
bestimmtes Wort suchst,
kannst du es in den für
jede Sprachrichtung
separaten Registern am
Ende des Buches finden.

5 Tipps auf „Klebezetteln" informieren dich über den
Gebrauch und die Unterscheidung von leicht zu verwech-
selnden Wörtern oder über andere sprachliche Eigenheiten,
etwa zur Wortbildung.

**VERWENDETE
ABKÜRZUNGEN:**

adj	Adjektiv
adv	Adverb
conj	Konjunktion
etw.	etwas
f	Femininum
interj	Interjektion
m	Maskulinum
m/f	Maskulinum und Femininum
n	Nomen bzw. Substantiv
phrase	Phrase bzw. Redewendung
pl	Plural
prep	Präposition
pron	Pronomen
v	Verb

las gafas ES,
las lentes LA
['gafas], ['lentes] *n*
die Brille

¡Oye, si no necesito gafas!
*Hey, ich brauch' ja gar
keine Brille!*

6 In Fällen, wo sich
der Sprachgebrauch im
lateinamerikanischen
Spanisch von dem in
Spanien unterscheidet,
sind beide Varianten
angegeben und mit ES
für spanisches und LA für
lateinamerikanisches
Spanisch gekennzeichnet.

Das Spanische verfügt über fünf Vokale, die immer gleich lang ausgesprochen werden.
Diphthonge und Triphthonge werden als einzelne Vokale ausgesprochen.
Etliche Konsonanten haben eine vom Deutschen abweichende Aussprache.

VOKALE

SCHREIBUNG	ZEICHEN	BEISPIEL	AUSSPRACHE
a	[a]	plato	wie ein kurzes, helles a in Ast
e	[e]	mesa	wie ein kurzes, halb offenes e in Reflex
	[ɛ]	tejer	wie ein kurz geöffnetes ä in Ärger
i	[i]	vino	wie ein geschlossenes i in hin
o	[ɔ]	coger	wie ein kurzes offenes o in von
	[o]	pollo	wie ein kurzes, halb offenes o in kokett
u	[u]	mujer	wie ein geschlossenes u in unter

KONSONANTEN

SCHREIBUNG	ZEICHEN	BEISPIEL	AUSSPRACHE
b	[β]	caballo	im Satz- und Wortinneren als stimmhafter, mit beiden Lippen gebildeter Reibelaut
	[b]	brazo	am Satzanfang und nach m und n wie ein deutsches b
c + e, i	[θ]	cinco	wie im Englischen th
c + a, o, u	[k]	cama	wie das deutsche k
ch	[tʃ]	leche	wie die Kombination tsch in deutsch
d	[ð]	modo	im Satz- und Wortinneren als stimmhafter Reibelaut
	[d]	píldora	am Satzanfang und nach l und n wie ein deutsches d
	[ð]	ciudad	Am Wortende ist das d kaumzu hören
g + e, i	[x]	gente	wie ein deutsches ch in doch
g + a, o, u	[g]	gato	am Satzanfang und nach n wie ein deutsches g in Gabel
gue, gui	[gi]	guitarra	wie ein deutsches gi in Giraffe; das u ist stumm
güe, güi	[gŭ]	güero	Bei der Kombination mit Trema wird das u ausgesprochen
			Stehen diese Kombinationen im Satz- oder Wortinneren, werden sie vor a, o, u und Konsonanten (außer n) als stimmhafter Reibelaut ausgesprochen [ɣ]
h	[ ]	hombre	das h ist immer stumm
j	[x]	joven	wie ein deutsches ch in doch

SCHREIBUNG	ZEICHEN	BEISPIEL	AUSSPRACHE
ll	[ʎ]	llave	wie etwa ein deutsches ll in Brillant
n vor g, j, c, k	[ŋ]	nunca	wie deutsches n vor g und k in jung bzw. Anker
ñ	[ɲ]	niño	wie gn in Champagner
q	[ke]	queso	q kommt immer in der Kombination que, qui vor, in der das u stumm ist
	[ki]	quizás	
r	[rr]	rato, alrededor	am Wortanfang und nach Konsonanten stark gerollt
	[r]	pero	zwischen Vokalen einfach gerollt
	[rr]	perro	Ein doppeltes rr wird immer wie ein stark gerolltes r ausgesprochen
s	[s]	camisa	wie ein scharfes s in Messe
	[z]	desde	vor einem stimmhaften Konsonanten wie ein deutsches stimmhaftes s in Sahne
v	[b]	vaso	wie b in baden
w	[b]	weimarés	bei Wörtern deutscher Herkunft wie b
	[u]	web	bei Wörtern englischen Ursprungs wie u
x	[s]	xilófono	am Wortanfang wie s
	[ks]	taxi	im Wortinneren und im Auslaut wie ks
y	[j]	yo	am Wortanfang und im Wortinneren wie ein deutsches j
	[ĭ]	rey	am Wortende wie ein i
z	[θ]	zanahoria	wie das englische th
	[ð]	diez noches	vor einem stimmhaften Konsonanten wie das englische th in this

LATEINAMERIKANISCHES SPANISCH

Ce, ci und z werden in Lateinamerika und zum Teil auch in Südspanien und auf den kanarischen Inseln wie ein stimmloses s gesprochen. ll wird in Lateinamerika und in vielen Gegenden Spaniens wie [j] ausgesprochen.

SCHREIBUNG	SPANIEN	LATEINAMERIKA UND TEILE SPANIEN
c	cinco [ˈθiŋko]	cinco [ˈsiŋko]
z	zanahoria [θanaˈorĭa]	zanahoria [sanaˈorĭa]
ll	llave [ˈʎabe]	llave [ˈjabe]

ICH

yo
[jo] *pron*
ich

Yo solo sé que
no sé nada.

*Ich weiß, dass
ich nichts weiß.*

el nacimiento, el parto
[naθi'mĭento], ['parto] *n*
die Geburt

Con el **nacimiento** comienza un viaje sorprendente que se llama vida.

Mit der Geburt beginnt eine überraschende Reise, die man Leben nennt.

nacer
[na'θɛr] *v*
geboren werden

No recuerdo haber nacido. Quizá estaba un poco ausente.

Ich erinnere mich nicht , dass ich geboren wurde, ich war wohl nicht ganz bei Sinnen.

el bebé
[be'βe] *n*
das Baby

Mientras esté dormido, es el **bebé** más bonito del mundo.

Solange es schläft, ist es das süßeste Baby der Welt.

criarse
[kri'arse] *v*
aufwachsen

Se ha **criado** con animales.

Er ist mit Tieren aufgewachsen.

el niño,
el chico
['niɲo], ['tʃiko] *n*
der Junge

la niña,
la chica
['niɲa], ['tʃika] *n*
das Mädchen

A veces no es fácil diferenciar quién es un **chico** y quién es una **chica**.

Manchmal ist es nicht so einfach zu unterscheiden, wer Junge und wer Mädchen ist.

la infancia
[im'fanθi̯a] *n*
die Kindheit

La **infancia** significa jugar totalmente en serio.

Kindheit heißt, mit vollem Ernst zu spielen.

el niño
['niɲo] *n*
das Kind

Todos los **niños** deberían aprender a tocar un instrumento.

Jedes Kind sollte ein Instrument lernen.

criar
[kri'ar] *v*
großziehen

Carla ha sido **criada** entre una taza de café y el ordenador.

Carla wurde zwischen Kaffeetasse und Laptop großgezogen.

la juventud
[xuβen'tu(ð)] *n*
die Jugend

En la **juventud** solo se oye lo que se quiere oír.

In der Jugend hört man nur, was man hören will.

> ¡El abuelo está muy **joven** en la foto!

> ... y no se ha hecho **viejo**...

joven
['xoβen] *adj*
jung

Opa sieht auf dem Foto so jung aus!

viejo, vieja
['bĭexo, 'bĭexa] *adj*
alt

... und er ist nicht alt geworden ...

el **hombre**
['ɔmbre] *n*
der Mensch

Y Dios creó al hombre a su imagen y semejanza.
Und Gott schuf den Menschen nach seinem Ebenbild.

humano, humana
[u'mano, u'mana] *adj*
menschlich

Errar es humano.
Irren ist menschlich!

el **adulto**, la **adulta**
[a'ðulto, a'ðulta] *n*
der Erwachsene,
die Erwachsene

Algunos nunca se hacen adultos.
Manche werden nie erwachsen.

la **mujer**
[mu'xer] *n*
die Frau

Las mujeres siempre quieren una cosa ...
Frauen wollen immer das eine ...

el **hombre**
['ɔmbre] *n*
der Mann

... y los hombres, la otra.
... und Männer das andere.

tener ... años
[te'nɛr] *v*
... Jahre alt sein

¡Ya tengo tres años!

Ich bin schon drei Jahre alt!

vivir
[bi'βir] *v*
leben

Heinz dice que quiere vivir eternamente.

Heinz sagt, er will ewig leben.

la vida
['biða] *n*
das Leben

La verdad es que me había imaginado mi vida de otra forma.

Ich hab' mir mein Leben wirklich anders vorgestellt.

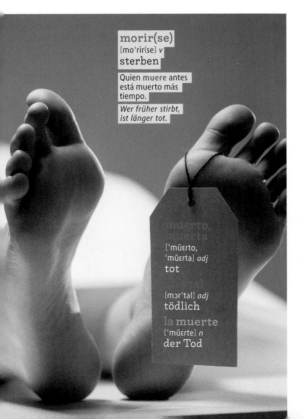

morir(se)
[mo'rir(se) *v*
sterben

Quien muere antes está muerto más tiempo.

Wer früher stirbt, ist länger tot.

muerto, muerta
['mŭɛrto, 'mŭɛrta] *adj*
tot

[mɔr'tal] *adj*
tödlich

la muerte
['mŭɛrte] *n*
der Tod

vivo, viva
['biβo, 'biβa] *adj*
lebendig, am Leben

¡Ha funcionado! ¡Está vivo!

Es hat funktioniert! Es ist lebendig!

la tumba
['tumba] *n*
das Grab

La tumba de mi bisabuelo está en la tercera fila.

Das Grab meines Urgroßvaters ist in der dritten Reihe.

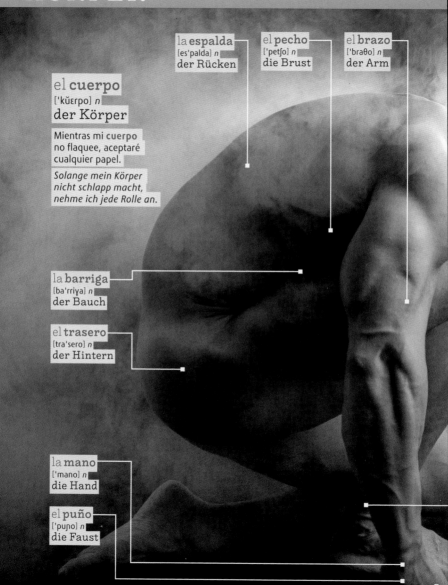

la **espalda**
[es'palda] *n*
der Rücken

el **pecho**
['petʃo] *n*
die Brust

el **brazo**
['braθo] *n*
der Arm

el **cuerpo**
['kŭɛrpo] *n*
der Körper

Mientras mi **cuerpo**
no flaquee, aceptaré
cualquier papel.

Solange mein Körper
nicht schlapp macht,
nehme ich jede Rolle an.

la **barriga**
[ba'rriɣa] *n*
der Bauch

el **trasero**
[tra'sero] *n*
der Hintern

la **mano**
['mano] *n*
die Hand

el **puño**
['puɲo] *n*
die Faust

la cabeza
[ka'βeθa] *n*
der Kopf

la rodilla
[rrɔ'ðiʎa] *n*
das Knie

la pierna
['pĭɛrna] *n*
das Bein

el pie
[pĭe] *n*
der Fuß

el dedo (de la mano)
['deðo (ðe la 'mano)] *n*
der Finger

la sangre
['saŋgre] *n*
das Blut

Ahora me apetecería un poquito de sangre.

Jetzt könnte ich ein Schlückchen Blut vertragen.

el corazón
[kora'θɔn] *n*
das Herz

¿Quién necesita un corazón, cuando un corazón puede romperse?

Wer braucht ein Herz, wenn ein Herz gebrochen werden kann?

el hueso
['ŭeso] *n*
der Knochen

El ser humano tiene 206 huesos en el cuerpo. A mí me basta con uno.

Ein Mensch hat 206 Knochen im Körper. Für mich reicht einer.

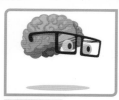

el cerebro
[θe'reβɾo] *n*
das Gehirn

El **cerebro** humano es
capaz de hacer las cosas más
sorprendentes.

*Das menschliche Gehirn ist
zu den erstaunlichsten
Leistungen fähig.*

la lengua
['leŋgŭa] *n*
die Zunge

Con esto, la sensación en la
lengua es totalmente distinta.

*Man hat damit ein ganz
anderes Gefühl auf der Zunge.*

el diente
['dĭente] *n*
der Zahn

¡Cierto, falta un **diente**!

Tatsächlich, da fehlt ein Zahn!

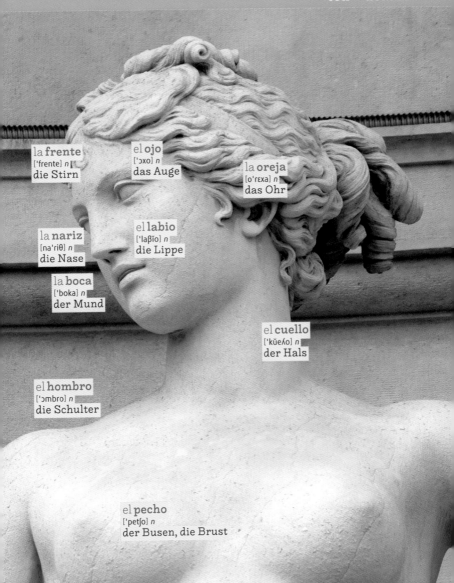

la **frente**
['frente] *n*
die Stirn

el **ojo**
['ɔxo] *n*
das Auge

la **oreja**
[o'rɛxa] *n*
das Ohr

la **nariz**
[na'riθ] *n*
die Nase

el **labio**
['laβĭo] *n*
die Lippe

la **boca**
['boka] *n*
der Mund

el **cuello**
['kŭeʎo] *n*
der Hals

el **hombro**
['ɔmbro] *n*
die Schulter

el **pecho**
['petʃo] *n*
der Busen, die Brust

la **belleza**
[beˈʎeθa] *n*
die Schönheit

La **belleza** es poder, una sonrisa es su espada.

Schönheit ist Macht, ein Lächeln ihr Schwert.

la **cara**
[ˈkara] *n*
das Gesicht

No pongas esa **cara** tan rara.

Mach nicht so ein komisches Gesicht.

delgado, delgada
[delˈɣaðo, delˈɣaða] *adj*
schlank

¡Sí, está **delgado**, pero nada más!

Ja, er ist schlank, das ist aber auch schon alles.

parecerse
[pareˈθerse] *v*
ähneln

De cerca no **se parecen** tanto.

Von Nahem ähneln sie sich gar nicht mehr so sehr.

el **pelo**
['pelo] *n*
das Haar

Con este pelo no puedo salir los días de viento.

Mit diesem Haar kann ich an windigen Tagen nicht raus.

gordo, gorda
['gɔrðo, 'gɔrða] *adj*
dick

delgado, delgada
[del'yaðo, del'yaða] *adj*
dünn

Gordo o delgado, los dos son mis amigos.

Ob dick oder dünn, beide sind meine Freunde.

el **peinado**
[peĭ'naðo] *n*
die Frisur

¡Cuidado, mi abogado está especializado en peinados estropeados!

Vorsicht, mein Anwalt ist auf ruinierte Frisuren spezialisiert!

feo, fea
['feo, 'fea] *adj*
hässlich

¡Mamá, con esta corbata tan fea yo no voy!

Mama, mit der hässlichen Krawatte geh' ich nicht mit.

guapo, guapa
['gŭapo, 'gŭapa] *adj*
hübsch

Está guapa con su nuevo vestido.

Sie sieht hübsch aus in ihrem neuen Kleid.

bajo, baja
['baxo, 'baxa] *adj*
klein

alto, alta
['alto, 'alta] *adj*
groß

Si no fueras tan bajo, llegarías mejor. —¡Anda ya! Lo que pasa es que tú eres muy alto.

Wenn du nicht so klein wärst, kämest du besser ran. – Ach was, du bist einfach zu groß.

Guapo – „hübsch, schön, gut aussehend" ist auf Personen anzuwenden, auch auf Männer, während bonito – „hübsch, schön" für Dinge gilt. Feo – „hässlich" gilt für Personen und Sachen.

el **carácter**
[ka'raktɛr] *n*
der Charakter

Las experiencias fueron
marcando su carácter.

*Erfahrungen haben ihren
Charakter geprägt.*

alegre
[a'leyre] *adj*
fröhlich

Fueron las vacaciones más alegres que tuve jamás.

Das war der fröhlichste Urlaub, den ich je erlebt habe.

bueno, buena
['bŭeno, 'bŭena] *adj*
gut, lieb, brav

Sé una niña buena y cómete las zanahorias.

Sei ein braves Mädchen und iss deine Karotten.

la paciencia
[pa'θĭenθĭa] *n*
die Geduld

El león mostró mucha paciencia con el domador.

Der Löwe zeigte viel Geduld mit dem Dompteur.

pacientemente
[pa'θĭente'mente] *adv*
geduldig

Esperaba pacientemente a su mujer.

Geduldig wartete er auf seine Frau.

**el ánimo,
el valor**
['animo], [ba'lɔr] *n*
der Mut

Al llegar arriba, me abandonó el valor.

Oben angekommen, verließ mich der Mut.

impaciente
[impa'θĭente] *adj*
ungeduldig

Empiezo a estar impaciente.

Langsam werd' ich ungeduldig.

valiente
[ba'lĭente] *adj*
mutig

¿Es valiente o simplemente estúpida?

Ist sie mutig oder einfach nur doof?

gracioso, graciosa
[graθ'ĭoso, graθ'ĭosa] *adj*
lustig

Intentaba desesperadamente ser **gracioso**.

Er versuchte verzweifelt, lustig zu sein.

maleducado, maleducada
[maleðu'kaðo, maleðu'kaða] *adj*
unhöflich

¡Da igual cómo estén las galletas de la tía Anna, eso es ser **maleducada**!

Egal, wie Tante Annas Kekse schmecken, das ist einfach unhöflich!

serio, seria
['serĭo, 'serĭa] *adj*
ernst, ernsthaft

¿Tienes que tomarlo todo siempre tan en **serio**?

Musst du immer alles so ernst nehmen?

educado, educada
[eðu'kaðo, eðu'kaða] *adj*
höflich

Era tan increíblemente **educado** que no pude resistirme.

Er war so unglaublich höflich, da konnte ich nicht widerstehen.

curioso, curiosa
[ku'rĭoso, ku'rĭosa] *adj*
neugierig

Quien no es **curioso**, nunca llega al éxito.

Wer nicht neugierig ist, schafft den Durchbruch nie.

prudente
[pru'ðente] *adj*
vorsichtig

¡Sé **prudente** conduciendo, cariño!

Fahr vorsichtig, Schatz!

tonto, tonta
['tɔnto, 'tɔnta] *adj*
dumm

¡Soy demasiado **tonto** para estas estúpidas tareas!

Ich bin einfach zu dumm für diese blöden Hausaufgaben.

la estupidez
[estupi'ðeθ] *n*
die Dummheit

Y ahora encima lo pisas.
¡Cuánta **estupidez**!

Und jetzt trittst du auch noch rein. Was für eine Dummheit!

imprudente
[impru'ðente] *adj*
unvorsichtig

Tienes que despedir de inmediato a ese canguro tan **imprudente**.

Du musst diesen unvorsichtigen Babysitter sofort rausschmeißen.

tranquilo, tranquila
[traŋ'kilo, traŋ'kila] *adj*
ruhig

¿Cómo te puedes quedar tan **tranquilo**? ¡Estoy embarazada!

Wie kannst du da so ruhig bleiben? Ich bin schwanger!

vago, vaga
['baɣo, 'baɣa] *adj*
faul

Sí, soy **vago**.
¿Y qué?

*Ja, ich bin faul.
Na und?*

simpático, simpática
[sim'patiko, sim'patika] *adj*
lieb, nett

Hoy Hanna estaba especialmente **simpática** con su hermana.

Hanna war heute besonders lieb zu ihrer Schwester.

la **sensación**
[sensa'θĭɔn] *n*
das Gefühl,
die Empfindung

Hoy tengo una **sensación**
extraña…

Ich habe heute so ein
komisches Gefühl …

gustar
[gus'tar] v
mögen

Me gusta llegar rápido
a la oficina.

*Ich mag es, schnell
ins Büro zu kommen.*

el placer
[pla'θɛr] n
die Freude

Ha sido un placer verte
sin tu marido.

*Es war eine Freude, dich ohne
deinen Mann zu sehen.*

la sorpresa
[sɔr'presa] n
die Überraschung

Para mi sorpresa, mi novia había
organizado una pequeña fiesta.

*Zu meiner Überraschung
hatte meine Freundin eine
kleine Party organisiert.*

el miedo
['mĩeðo] n
die Angst

¿De qué tienes miedo?
¡Es solo un bichito minúsculo!

*Wovor hast du Angst? Das ist
doch nur ein winziges Tierchen!*

como
['komo] adv
wie

Aquí me siento como
en el paraíso.

*Hier fühle ich mich wie
im Paradies.*

no soportar
[no sopɔr'tar] v
nicht leiden können

¡De verdad que no te soporto!

Ich kann dich echt nicht leiden!

satisfecho,
satisfecha
[satis'fetʃo, satis'fetʃa] adj
zufrieden

Me han descambiado el vestido,
ya estoy satisfecha.

*Sie haben mir das Kleid umge-
tauscht, jetzt bin ich zufrieden.*

terrible
[tɛ'rriβle] adj
schrecklich

¡El hotel era terrible!

*Das Hotel war einfach
schrecklich!*

el luto
['luto] *n*
die Trauer

Su luto fue bastante limitado.

Ihre Trauer hielt sich ziemlich in Grenzen.

feliz
[fe'liθ] *adj*
glücklich

Estoy tan feliz que hasta duele.

Ich bin so glücklich, dass es schon wehtut.

favorito, favorita
[faβo'rito, faβo'rita] *adj*
Lieblings-

¡No me lo puedo creer! ¡Están robando mi coche favorito!

Das gibt's doch nicht! Die klauen gerade mein Lieblingsauto!

contento, contenta
[kɔn'tento, kɔn'tenta] *adj*
froh

Mal sehen, ob wenigstens die Blumen sie froh machen.

A ver si con las flores al menos se pone contenta.

la sonrisa
[sɔn'rrisa] *n*
das Lächeln

Una simple sonrisa es capaz de salvar el día.

Ein einziges Lächeln kann einem den ganzen Tag retten!

llorar
[ʎo'rar] *v*
weinen

Siempre lloro cuando Sam entra en el agua siguiendo a Frodo.

Wenn Sam Frodo ins Wasser nachläuft, muss ich immer weinen.

desagradable
[desaɣraˈðaβle] *adj*
unangenehm

Esto podría ser bastante desagradable.

Das könnte ziemlich unangenehm werden.

reír(se)
[rrɛˈir(se)] *v*
lachen

¡Los tíos os reís de una tontería así!

Über so einen Blödsinn könnt ihr Typen lachen!

triste
[ˈtriste] *adj*
traurig

No estés triste. El año que viene subiréis otra vez.

Sei nicht traurig. Nächstes Jahr steigt ihr wieder auf.

solo, sola
[ˈsolo, ˈsola] *adj*
einsam

Al volver al hotel, Aisha se sintió otra vez terriblemente sola.

Zurück im Hotel, fühlte Aisha sich wieder furchtbar einsam.

encantado, encantada
[eŋkanˈtaðo, eŋkanˈtaða] *adj*
angenehm, sympathisch

sentirse
[senˈtirse] *v*
(sich) fühlen

infeliz
[imfeˈliθ] *adj*
unglücklich

la risa
[ˈrrisa] *n*
das Lachen

el miedo
[ˈmi̯eðo] *n*
die Angst

la tristeza
[trisˈteθa] *n*
die Traurigkeit

la suerte
[ˈsu̯erte] *n*
das Glück, die Freude

sorprender
[sɔrprenˈder] *v*
überraschen

sonreír
[sɔnrrɛˈir] *v*
lächeln

el recuerdo
[rrɛˈkŭɛrðo] *n*
die Erinnerung

¡Un momento! El recuerdo está volviendo.

Einen Moment – die Erinnerung kommt gerade wieder.

pensar
[penˈsar] *v*
denken

Pero ¿quién piensas que eres?

Was denkst du eigentlich, wer du bist?

pensar de
[penˈsar de] *v*
halten von

Una breve pregunta: ¿qué piensa del trabajo desde casa?

Nur eine kurze Frage: Was halten Sie von Heimarbeit?

saber
[saˈβɛr] *v*
wissen

Siempre hay que saber exactamente lo que se está haciendo...

Man sollte immer genau wissen, was man tut ...

preguntarse
[preyunˈtarse] *v*
sich fragen

Me pregunto cómo es posible que eso funcione.

Ich frage mich, wie das je funktionieren soll.

olvidar(se)
[ɔlβiˈðar(se)] *v*
vergessen

¡Vaya, se me ha olvidado! Ahora ya me puedo olvidar.

Tja, die hab' ich vergessen – nun kann ich sie wohl vergessen.

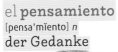

el **pensamiento**
[pensaˈmi̯ento] *n*
der Gedanke

Mein Haarschnitt ist voll ätzend!

*Das wollte ich gerade sagen.
Kann er Gedanken lesen?*

Justo eso iba
a decir yo.
¿Puede leer mis
pensamientos?

¡Mi corte
de pelo
es horrible!

notar
[noˈtar] *v*
bemerken

Afortunadamente todavía no
ha notado que estoy aquí.

*Zum Glück hat sie mich noch
nicht bemerkt.*

esperar(se)
[espeˈrar(se)] *v*
erwarten

¡No! ¡Verdaderamente, eso no
me lo esperaba!

*Nein! Das hätte ich wirklich
nie erwartet!*

recordar,
acordarse de
[rrekorˈðar], [akɔrˈðarse ðe] *v*
(sich) erinnern

Me acuerdo del coche, pero no
de cómo se llamaba él.

*An das Auto kann ich mich er-
innern, an seinen Namen nicht.*

ver
[bɛr] *v*
sehen

A veces es bueno no verlo
todo perfectamente.

*Manchmal ist es ganz gut,
nicht alles scharf zu sehen.*

mirar
[mi'rar] *v*
(an)schauen

El cazador que mira
no dispara.

*Jäger, die schauen,
schießen nicht.*

la mirada
[mi'raða] *n*
der Blick

Si las miradas mataran...

Wenn Blicke töten könnten ...

oír
[o'ir] *v*
hören

No me grites, todavía
oigo muy bien.

*Schrei mich nicht an,
ich höre noch sehr gut.*

el ruido
['rrŭiðo] *n*
**das Geräusch,
der Klang**

¿Quién decide si es música
o es ruido?

*Wer entscheidet, ob es Musik
oder Geräusch ist?*

tocar
[to'kar] *v*
berühren

Me gusta cuando me tocas.

*Ich mag es, wenn du mich
berührst.*

el olor
[o'lɔr] *n*
der Geruch

Cada vez me fascina más
este olor.

*Mehr und mehr fasziniert mich
dieser Geruch.*

oler
[o'lɛr] *v*
riechen

Pero ¡tiene que oler!

*Aber sie muss doch
riechen!*

oler mal
[o'lɛr mal] *v*
stinken

Thomas dice que huele mal.
Yo creo que exagera.

Thomas meint, es stinkt.
Ich finde, er übertreibt.

creer
[kre'ɛr] *v*
glauben

Solo tengo que creer lo
suficiente...

Ich muss nur fest genug dran
glauben ...

¡Más despacio, chicas! ¡Escuchad la música!

escuchar
[esku'tʃar] *v*
(zu)hören

Langsamer, Mädels –
hört auf die Musik!

esperar
[espe'rar] *v*
hoffen

Espero que arreglen por fin la
acera.

Ich hoffe, der Gehweg wird
endlich mal repariert.

suponer
[supo'nɛr] *v*
annehmen, vermuten

Supongo que quiere algo
conmigo.

Ich nehme an, sie will etwas
von mir.

la impresión
[impre'sⁱɔn] *n*
der Eindruck

No hay que olvidarlo: la primera
impresión cuenta.

Immer dran denken: Der erste
Eindruck zählt!

hacer
[a'θɛr] *v*
tun, machen

Pero ¿qué demonios haces?
Pensaba que estabas
haciendo la cena.

*Was zur Hölle tust du
denn da? Ich dachte, du
machst das Abendessen!*

dejar
[dɛ'xar] *v*
lassen

¡Déjame! –Pero deja que mire, al menos.

Lass los! – Aber lass es mich doch wenigstens angucken ...

servir
[ser'βir] *v*
nützen, nützlich sein

Si el papel higiénico se acaba, los pañuelos de papel pueden servir.

Ist das Klopapier aus, sind Taschentücher sehr nützlich.

dejar
[dɛ'xar] *v*
lassen, verlassen

La dejó sin decir una palabra, pero con mucho estruendo.

Er verließ sie ohne ein Wort, aber mit großem Getöse.

entrar
[en'trar] *v*
hereinkommen, eintreten

¡Entre, entre!

Kommen Sie nur herein!

utilizar
[utili'θar] *v*
benutzen, verwenden

¡Por favor, utilicen esto!

Bitte das hier verwenden!

moverse
[mo'βɛrse] *v*
sich bewegen

¡Si lo quieres coger, tienes que moverte más!

Wenn du ihn fangen willst, musst du dich mehr bewegen!

la cosa
['kosa] *n*
das Ding

La cosa del espacio exterior.

Das Ding aus dem All.

l'attività
[attivi'ta] *n f*
die Tätigkeit

l'azione
[a'tsjo:ne] *n f*
die Handlung

la faccenda
[fat'tʃɛnda] *n*
die Angelegenheit, die Sache

l'oggetto
[od'dʒetto] *n m*
der Gegenstand

venir
[beˈnir] *v*
kommen

Pero ¿para qué has venido?

Aber wieso bist du überhaupt gekommen?

ir
[ir] *v*
gehen, fahren

La próxima vez vamos en coche.

Das nächte Mal fahren wir mit dem Auto.

llevar
[ʎeˈβar] *v*
tragen

¡Cuidado, lleva una pistola!

Vorsicht, er trägt eine Waffe!

tirar de
[tiˈrar ðe] *v*
ziehen

Por mucho que tire de las anillas, el techo no se acerca.

Ich kann an den Ringen ziehen wie ich will, die Decke kommt nicht näher.

empujar
[empu'xar] *v*
schieben, drücken

No se quede mirando: ¡ayude a empujar!

Schauen Sie nicht nur zu, helfen Sie schieben!

poner, meter
[po'nɛr], [me'tɛr] *v*
setzen, stellen, legen

Venga, pongo una más encima. –De todas formas, no va a ser una casa.

Gut, ich lege noch einen drauf. – Ein Haus wird trotzdem nicht draus.

girar
[xi'rar] *v*
drehen, umdrehen

Se giró hacia mí, sonrió y… entonces nos chocamos.

Sie drehte sich zu mir um, lächelte – und schon krachte es.

agarrar
[aɣa'rrar] *v*
halten

Solo yo puedo agarrar a nuestro gato. A todos los demás los araña.

Nur ich darf unsere Katze halten. Alle anderen kratzt sie.

> *meter beschreibt eine Handlung, bei der ein Gegenstand in einen anderen gebracht wird, unabhängig davon, ob er gestellt, gelegt oder gesteckt wird.*

preparar
[prepa'rar] *v*
vorbereiten

¡Decías que ibas a preparar la cuerda!

Du wolltest doch das Seil vorbereiten!

intentar
[inten'tar] *v*
versuchen

Si lo intentas las veces suficientes, lo consigues.

Wenn du es nur oft genug versuchst, schaffst du es auch.

seguro, segura
[se'ɣuro, se'ɣura] *adj*
sicher

No estoy segura de si él es
el padre...

*Ich bin mir nicht sicher, ob er
der Vater ist ...*

el esfuerzo
[es'fu̯ɛrɵo] *n*
die Anstrengung

Para el objetivo adecuado, todos
los esfuerzos merecen la pena.

*Das richtige Ziel ist jede
Anstrengung wert.*

la decisión
[deθi'sȷ̈ɔn] *n*
die Entscheidung

Esta decisión va a estar muy
bien reflexionada.

*Diese Entscheidung will gut
überlegt sein.*

En un siguiente
paso, hemos
planeado pintar
todas las paredes
de amarillo.

planear
[plane'ar] *v*
planen

*Als nächsten Schritt habe
ich geplant, alle Wände
gelb zu streichen.*

probable
[pro'βaβle] *adj*
wahrscheinlich

Es probable que llegue unos
minutos tarde.

*Ich komme wahrscheinlich
ein paar Minuten später.*

decidir
[deθi'ðir] *v*
entscheiden

**la seguridad,
la certeza**
[seɣuri'ða(ð)], [θɛr'teθa] *n*
die Sicherheit,
die Gewissheit

posible
[po'siβle] *adj*
möglich

quizá(s)
[ki'θa(s)] *adj*
vielleicht

buscar
[bus'kar] *v*
suchen

Si por lo menos supiera qué es lo
que estamos buscando...

*Wenn ich nur wüsste, wonach
wir überhaupt suchen ...*

imposible
[impo'siβle] *adj*
unmöglich

Te lo he dicho: con
esto es imposible
ganar dinero.

*Ich hab's dir gesagt:
Damit kann man
unmöglich Geld
verdienen.*

encontrar
[eŋkɔn'trar] *v*
finden

¡Toma ya! ¿A que no me
encontráis?

*Ätsch, wetten, dass ihr mich
nicht findet?*

quitar
[ki'tar] *v*
entfernen,
wegnehmen

No tendría que haber dejado que
me quitaran los pelos.

*Ich hätte mir meine Haare doch
nicht entfernen lassen sollen*

necesitar
[neθesi'tar] *v*
brauchen

Necesito cinco minutos más...

Ich brauch' noch fünf Minuten ...

dormir
[dɔr'mir] v
schlafen

Mejor trabajar ocho horas que no **dormir** nada de nada.

Lieber acht Stunden Arbeit, als gar nicht schlafen.

despertar
[desper'tar] v
wecken

Tengo un método infalible para **despertar** a papá.

Ich hab' eine todsichere Methode, Papa zu wecken.

dormirse
[dɔr'mirse] v
einschlafen

Él me aburría tanto que casi me **duermo**.

Er war so langweilig, ich bin fast eingeschlafen.

cansado, cansada
[kan'saðo, kan'saða] adj
müde

Anda, id a ver a las cebras, que yo estoy **cansado**.

Ach, geht doch rüber zu den Zebras, ich bin jetzt müde.

despertarse
[desper'tarse] v
aufwachen

Termina el trabajo. Hora de **despertarse**.

Feierabend. Zeit, aufzuwachen.

levantarse
[leβan'tarse] v
aufstehen

Cuando Leopold se **levanta** de tan buen humor, está insoportable.

Wenn Leopold mit so guter Laune aufsteht, ist er unerträglich.

poseer, tener
[pose'ɛr], [te'nɛr] *v*
besitzen

Siempre he querido **tener** una barca así.

So ein Boot wollte ich schon immer besitzen.

propio, propia
['propĭo, 'propĭa] *adj*
eigen

¡Por fin piso **propio**!

Endlich eine eigene Wohnung!

quedarse con
[ke'ðarse kɔn] *v*
behalten

Papá, por favor, ¿podemos **quedárnoslo**?

Papa, bitte, können wir ihn behalten?

la propiedad, la posesión
[propĭe'ða(ð)], [pose'sĭɔn] *n*
der Besitz, das Eigentum

¡Por fin tengo **propiedades**! ¡Mi propio terreno!

Endlich Eigentum: Mein eigenes Stück Land!

dar
[dar] *v*
geben

¡**Dame** el osito!
Gib MIR den Teddy!

traer, llevar
[tra'ɛr], [ʎe'βar] *v*
(mit)bringen

Puede **traer** a su novia, no es problema.
Bringen Sie ruhig Ihre Freundin mit.

Der Unterschied zwischen traer und llevar besteht in der Sprecherperspektive: Bei traer wird etwas „zum Sprecher hin" und bei llevar „vom Sprecher weg" gebracht.

obtener
[oβte'nɛr] *v*
bekommen, abkriegen

Reparto del trabajo: él **obtiene** los golpes, yo el dinero.
Arbeitsteilung: Er bekommt die Schläge, ich das Geld.

recibir
[rrɛθi'βir] *v*
erhalten, bekommen

¿No **recibió** ayer ya zapatos?
Haben Sie nicht gestern schon Schuhe bekommen?

tomar
[to'mar] *v*
nehmen

Es mejor dar que **tomar**.
Geben ist seliger denn nehmen.

tener
[te'nɛr] v
haben

¡Por fin vamos a **tener** un poco de diversión!

Endlich haben wir mal ein bisschen Spaß!

llevarse
[ʎe'βarse] v
mitnehmen

¿Puedes **llevarte** también mi tumbona, cariño?

Kannst du auch meinen Liegestuhl mitnehmen, Schatz?

aceptar
[aθɛp'tar] v
annehmen

No puedo **aceptar** esto de ningún modo.

Das kann ich unmöglich annehmen.

también
[tam'bĭen] adv
auch

Con la hamburguesa necesito **también** un refresco.

Zum Hamburger brauch' ich auch was zu trinken.

separar
[sepa'rar] v
trennen

Todo lo que **separa** puede ser superado.

Alles, was trennt, kann überwunden werden.

pasar
[pa'sar] v
reichen, geben

¿Me podría usted **pasar** el balón, por favor?

Würden Sie mir bitte den Ball reichen?

GESUNDHEIT!

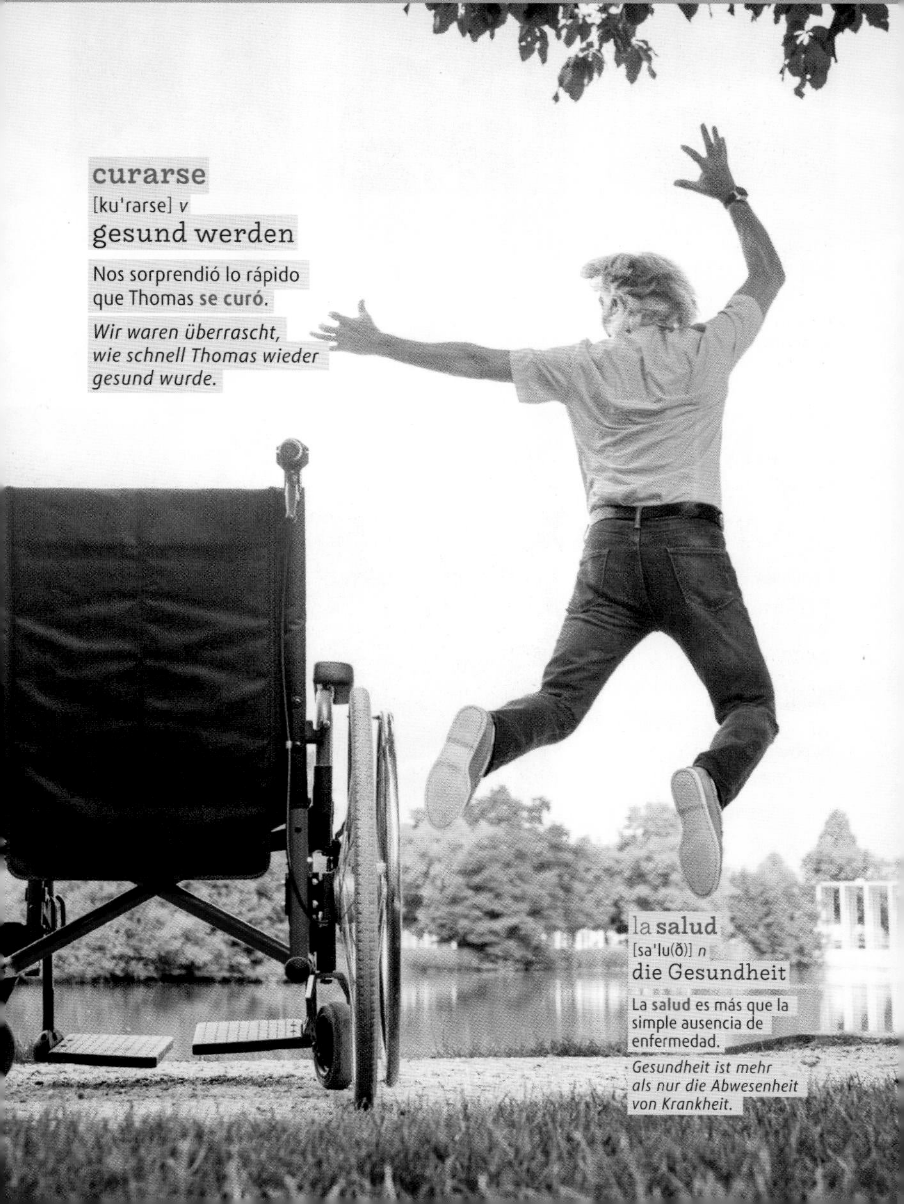

curarse
[ku'rarse] *v*
gesund werden

Nos sorprendió lo rápido que Thomas **se curó**.

Wir waren überrascht, wie schnell Thomas wieder gesund wurde.

la **salud**
[sa'lu(ð)] *n*
die Gesundheit

La **salud** es más que la simple ausencia de enfermedad.

Gesundheit ist mehr als nur die Abwesenheit von Krankheit.

discapacitado, discapacitada
[diskapaθi'taðo, diskapaθi'taða] *adj*
behindert

Papá no es discapacitado. Simplemente, está en una silla de ruedas.

Papa ist doch nicht behindert. Er sitzt nur im Rollstuhl.

(p)síquico, (p)síquica
['sikiko, 'sikika] *adj*
geistig, psychisch

A nivel psíquico, lo asimilé hace ya tiempo.

Geistig habe ich das längst verarbeitet.

físico, física
['fisiko, 'fisika] *adj*
körperlich

La verdad es que no le falta presencia física.

An körperlicher Präsenz fehlt es ihm wirklich nicht.

sentirse
[sen'tirse] *v*
sich fühlen

Me siento bien... ¡a pesar de la alergia!

Ich fühl' mich gut – trotz Heuschnupfen!

el dolor
[do'lɔr] *n*
der Schmerz

Para este dolor no existe remedio.

Gegen diesen Schmerz ist kein Kraut gewachsen.

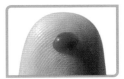

herirse
[e'rirse] *v*
sich verletzen

¡Llamad al médico de urgencias! ¡Me he herido!

Ruf den Notarzt, ich habe mich verletzt!

doler
[do'lɛr] *v*
wehtun, schmerzen

Dolió mucho, pero él no me hizo caso.

Es tat richtig weh, aber er hat mich überhaupt nicht beachtet.

estar bien
[es'tar βĩen] *v*
gut gehen

Si el niño está bien, la madre también está bien.

Geht's dem Kind gut, geht's auch der Mutter gut.

sangrar
[saŋ'grar] v
bluten

Al final sangró menos de lo que yo pensaba.

Sie blutete dann doch weniger, als ich gedacht hatte.

dar náuseas
[dar 'nãuseas] phrase
Übelkeit erregen, schlecht werden lassen

Ese color me **da náuseas**.

Bei dieser Farbe wird mir schlecht.

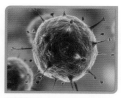

enfermo, enferma
[em'fɛrmo, em'fɛrma] adj
krank

Me preocupan estas extrañas protuberancias. ¿Estoy **enfermo**?

Diese komischen Auswüchse machen mir Sorgen. Bin ich krank?

el dolor de cabeza
[do'lɔr ðe ka'βeθa] n
die Kopfschmerzen

Si supiera de qué me viene el **dolor de cabeza**…

Wenn ich nur wüsste, wo meine Kopfschmerzen herkommen.

sufrir
[su'frir] v
leiden

Alexander está **sufriendo** a altos niveles.

Alexander leidet auf hohem Niveau.

toser
[to'sɛr] v
husten

Cada vez que quería ser guay, acababa **tosiendo**.

Immer wenn er cool sein wollte, musste er husten.

el resfriado ES,
el resfrío LA
[rresfri'aðo], [rres'frio] n
die Erkältung

Con un novio así, es fácil acabar pillando un **resfriado**.

Bei so einem Freund ist es leicht, sich eine Erkältung zu holen.

sudar
[su'ðar] v
schwitzen

El infierno son los otros. Sobre todo cuando sudan.

Die Hölle, das sind die anderen. Vor allem, wenn sie schwitzen.

respirar
[rrɛspi'rar] v
atmen

Desde que los niños están viviendo con Harry, puedo volver a respirar libre.

Seit die Kinder bei Harry leben, kann ich wieder frei atmen.

recuperarse
[rrɛkupe'rarse] v
gesund werden

Por supuesto que te recuperarás… algún día.

Natürlich wirst du wieder gesund – irgendwann.

la herida
[e'riða] n
die Wunde

Déjame, mamá, solo es una pequeña herida.

Lass mich, Mama, es ist nur eine kleine Wunde.

el shock
[ʃɔk] n
der Schock

Para mí fue un shock cuando él encendió de pronto la luz.

Ich bekam einen Schock, als er plötzlich das Licht anmachte.

la respiración
[rrɛspira'θĩɔn] n
der Atem

la tos
[tɔs] n
der Husten

las náuseas
['naŭseas] n
die Übelkeit

el sudor
[su'ðɔr] n
der Schweiß

perder el conocimiento
[per'ðɛr el konoθi'mĩento] *phrase*
bewusstlos werden

Cada vez que hablamos de dinero, **pierde el conocimiento**.

Jedes Mal, wenn es um Geld geht, wird sie bewusstlos.

el/la dentista
[den'tista] *n*
der Zahnarzt,
die Zahnärztin

Hasta la lengua se me puso tensa
cuando vio al dentista.

*Sogar meine Zunge verkrampfte
sich, als sie den Zahnarzt sah.*

recetar
[rrɛθe'tar] *v*
verschreiben

Le puedo recetar un
medicamento fantástico.

*Ich kann Ihnen da ein
fantastisches Mittel
verschreiben.*

**el médico,
la médica**
['meðiko, 'meðika] *n*
der Arzt,
die Ärztin

La médica del osito es
una auténtica especialista.

*Teddys Ärztin ist eine
echte Spezialistin.*

... Sí, sí, pero
en la otra
farmacia tenían
más muestras.

la farmacia
[far'maθia] *n*
die Apotheke

*... Ja, ja, aber in der anderen
Apotheke gab's mehr Pröbchen.*

médico, médica
['meðiko, 'meðikal] *adj*
medizinisch

el tratamiento
[trata'miento] *n*
die Behandlung

la receta
[rrɛ'θeta] *n*
das Rezept

examinar
[e(ɣ)sami'nar] *v*
untersuchen

la **prueba**
['prŭeβa] *n*
die Untersuchung

Le aseguro que esta prueba no supone peligro alguno... para mí.

Seien Sie versichert, diese Untersuchung ist völlig ungefährlich – für mich.

el **medicamento**
[meðika'mento] *n*
das Medikament

Hoy me gustaría probar otro medicamento.

Heute möchte ich mal ein anderes Medikament ausprobieren.

para
['para] *prep*
für

La parte roja es para el estómago, la blanca, para el intestino.

Die rote Hälfte ist für den Magen, die weiße für den Darm.

la **medicina**
[meði'θina] *n*
die Medizin

La medicina significa servir a las personas.

Medizin bedeutet Dienst am Menschen.

tratar
[tra'tar] *v*
behandeln

Se sintió bien tratada.

Sie fühlte sich gut behandelt.

la **pastilla**
[pas'tiʎa] *n*
die Tablette

La pastilla azul ha cambiado mi vida.

Die blaue Tablette hat mein Leben verändert.

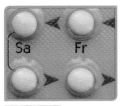

la **píldora**
['pildora] *n*
die Pille

¡Oh no! ¡Se me ha olvidado la píldora!

Oh nein! Ich habe die Pille vergessen!

el/la paciente
[paˈθi̯ente] *n*
der Patient,
die Patientin

Un médico necesita una estrecha relación con sus pacientes.
Ein Arzt braucht ein enges Verhältnis zu seinen Patienten.

la consulta ES
el consultorio LA
[kɔnˈsulta], [kɔnsulˈtori̯o] *n*
die Praxis

Por favor, tengan en cuenta que hoy habrá que esperar más tiempo en la consulta.
Bitte rechnen Sie heute mit längeren Wartezeiten in der Praxis.

la operación
[operaˈθi̯ɔn] *n*
die Operation

Esta es ya mi tercera operación hoy.
Das ist heute schon meine dritte Operation.

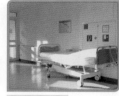

el hospital
[ɔspiˈtal] *n*
das Krankenhaus

En el hospital acaba de quedar libre una cama.
Im Krankenhaus ist gerade ein Bett frei geworden.

la ambulancia
[ambuˈlanθi̯a] *n*
der Krankenwagen

¿Esta ambulancia tiene también wifi?
Hat dieser Krankenwagen auch WLAN?

salvar
[salˈβar] *v*
retten

Era una broma. Ahora mismo te salvo.
War nur ein Spaß. Ich rette dich ja gleich.

peligroso, peligrosa
[peliˈɣroso, peliˈɣrosa] *adj*
gefährlich

Hace un momento la pista no parecía peligrosa en absoluto.
Gerade eben sah die Piste noch überhaupt nicht gefährlich aus.

la **enfermera**
[emfɛr'mera] *n*
die Kranken-schwester

¿De verdad?
¿La enfermera lo va
a heredar todo?

Wirklich? Die Kranken-schwester erbt alles?

la **alarma**
[a'larma] *n*
der Alarm

Si suena la alarma, todo el
hospital debe ser evacuado.

*Bei Alarm muss das ganze
Krankenhaus evakuiert werden.*

el **enfermero**
[emfɛr'mero] *n*
der Krankenpfleger

… ¿Y el enfermero no hereda
nada?

*… Und der Krankenpfleger
erbt nichts?*

el **teléfono de emergencia**
[te'lefono ðe emɛr'xenθĩa] *n*
die Notrufnummer

Llame al teléfono de
emergencia y acudiremos.

*Wählen Sie die Notrufnummer,
dann kommen wir auch.*

pedir **auxilio**
[pe'ðir au(ɣ)'silĩo] *phrase*
um Hilfe rufen

¡Pide auxilio, papá!
Ruf doch um Hilfe, Papa!

el **peligro**
[pe'liɣro] *n*
die Gefahr

la **clínica**
['klinika] *n*
die Klinik

operar
[ope'rar] *v*
operieren

¡Socorro!
[so'kɔrro] *interj*
Hilfe!

la **ropa**
['rrɔpa] *n*
die Kleidung

De algún modo, estamos todos muy desnudos en nuestra **ropa**.

Irgendwie stecken wir doch alle sehr nackt in unseren Kleidern.

el vestido
[bes'tiðo] *n*
das Kleid

la camisa
[ka'misa] *n*
die Bluse, das Hemd

el pantalón
[panta'lɔn] *n*
die Hose

el reloj (de pulsera)
[rrɛ'lɔx (ðe pul'sera)] *n*
die (Armband)Uhr

el anillo
[a'niʎo] *n*
der Ring

la chaqueta
[tʃa'keta] *n*
die Jacke

el vaquero ES
los jeans LA
[ba'kero, jins] *n*
die Jeans

la borsa
['borsa] *n*
die Tasche

la talla
['taʎa] *n*
die (Kleider)Größe

¡Estupendo, señor, es justo su talla!

Wunderbar, mein Herr, genau Ihre Größe!

probarse
[pro'βarse] *v*
anprobieren

Pruébate este sombrero…

Probier mal diesen Hut an …

valer
[ba'lɛr] *v*
passen

Dentro de unos años me valen los zapatos…

In ein paar Jahren passen die Schuhe …

las **gafas** ES,
las **lentes** LA
['gafas], ['lentes] *n*
die Brille

¡Oye, si no necesito gafas!

*Hey, ich brauch' ja gar
keine Brille!*

el **traje**
['traxe] *n*
der Anzug

Él tiene su encanto, pero el traje
es alquilado.

*Charmant ist er ja, aber der
Anzug ist aus dem Leihhaus.*

el **sombrero**
[sɔm'brero] *n*
der Hut

¡Quiero ese sombrero
y no otro!

*Den Hut will ich, und sonst
keinen!*

el **abrigo**
[a'βriɣo] *n*
der Mantel

Sin abrigo, mi muñequita se
moriría de frío.

*Ohne Mantel würde meine Püppi
doch so schrecklich frieren.*

el **guante**
['ɡŭante] *n*
der Handschuh

Con guantes así, limpiar es un
auténtico placer.

*Mit solchen Handschuhen ist
Putzen das reine Vergnügen.*

el **paraguas**
[pa'raɣŭas] *n*
der Regenschirm

¿De verdad le has robado el
paraguas a aquel tío de allí?

*Du hast den Regenschirm
wirklich dem Typ da geklaut?*

la **falda** ES,
la **pollera** LA
['falda[, [po'ʎera] *n*
der Rock

Con esta falda he sobrevolado el
Atlántico.

*In diesem Rock bin ich über
den Atlantik geflogen.*

l'**orecchino**
[orek'ki:no] *n m*
der Ohrring

Al monte dei pegni mi danno
50 euro per questi orecchini!

*Beim Pfandleiher kriege ich
50 Euro für die Ohrringe!*

el **pendiente**
[pen'dĭente] *n*
der Ohrring

¡Si empeño los pendientes me
dan por lo menos 50 euros!

*Beim Pfandleiher kriege ich
mindestens 50 Euro für die
Ohrringe!*

las **bragas**
[ˈbrayas] *n*
der Slip

cambiarse
[kamˈbi̯arse] *v*
sich umziehen

¿Cuánto tiempo necesitas
para cambiarte?

*Wie lange brauchst du
eigentlich, um dich umzuziehen?*

el **jersey** ES,
el **pulóver** LA
[xerˈsei̯], [puˈloβɛr] *n*
der Pullover

el **calcetín**
[kalθeˈtin] *n*
die Socke

el **zapato**
[θaˈpato] *n*
der Schuh

la **camisa**
[kaˈmisa] *n*
die Bluse

estrecho, estrecha
[es'tretʃo, es'tretʃa] *adj*
eng

Con ropa tan **estrecha** es imposible ganar.

In so enger Kleidung ist es unmöglich zu gewinnen.

ancho, ancha
['antʃo, 'antʃa] *adj*
weit

Bailar con pantalones **anchos** es el doble de divertido.

In weiten Hosen zu tanzen macht doppelt Spaß.

largo, larga
['larɣo, 'larɣa] *adj*
lang

El vestido era **largo**, el matrimonio fue corto.

Das Kleid war lang, die Ehe kurz.

Quitarte la chaqueta, ponerte la chaqueta... ¿Puedes decidirte ya de una vez?

corto, corta
['kɔrto, 'kɔrta] *adj*
kurz

Quizás tendría que haberme puesto mangas **cortas**...

Ich hätte vielleicht was mit kurzen Ärmeln anziehen sollen...

ponerse
[po'nɛrse] *v*
anziehen

quitarse
[ki'tarse] *v*
ausziehen

Jacke ausziehen, Jacke anziehen – kannst du dich endlich mal entscheiden?

vestirse
[bes'tirse] *v*
sich anziehen

desnudarse
[deznu'ðarse] *v*
sich ausziehen

las gafas de sol
['gafas ðe sɔl] *n*
die Sonnenbrille

el biquini
[bi'kini] *n*
der Bikini

la calidad
[kali'ða(ð)] *n*
die Qualität

El modista que me hace
los bañadores ofrece
siempre la mejor **calidad**.

*Mein Badeanzug-Schneider
liefert nur beste Qualität.*

el bañador
[baɲa'ðɔr] *n*
der Badeanzug

el bañador
[baɲa'ðɔr] *n*
die Badehose

**llevar
(puesto, puesta)**
[ʎe'βar ('pŭesto, 'pŭesta)] *v*
tragen, anhaben

El naranja puede **llevarse** a
cualquier edad.

*Orange kann man in jedem Alter
tragen.*

el pijama
[pi'xama] *n*
der Schlafanzug

¡Tráeme el **pijama**,
Xerxes!

*Bring mir meinen Pyjama,
Xerxes!*

el camisón
[kami'sɔn] *n*
das Nachthemd

No puedo recibir al duque en
camisón.

*Ich kann den Herzog doch nicht
im Nachthemd empfangen.*

DIE
ANDEREN

los **otros**
['otros] *n*
die anderen

¡Yo no he sido! Han sido
los otros.

Ich kann nichts dafür!
Das waren die anderen.

la **abuela**
[a'ßŭela] *n*
die Großmutter

el **padre**
['paðre] *n*
der Vater

la **hija**
['ixa] *n*
die Tochter

el **hijo**
['ixo] *n*
der Sohn

la **familia**
[fa'milĭa] *n*
die Familie

Cuando florecen los cerezos, jugamos siempre a "la **familia** feliz".

Zur Kirschblüte spielen wir immer „glückliche Familie".

el abuelo
[aˈβu̯elo] *n*
der Großvater

la madre
[ˈmaðre] *n*
die Mutter

la hermana
[ɛrˈmana] *n*
die Schwester

Mi **hermana** es una chivata.
*Meine Schwester ist 'ne
blöde Petze.*

el hermano
[ɛrˈmano] *n*
der Bruder

Decidme, ¿sois **hermanos**?
Sagt mal, seid ihr Brüder?

mamá
[maˈma] *n*
die Mama

papá
[paˈpa] *n*
der Papa

yaya
[ˈjaja] *n*
die Oma

yayo
[ˈjajo] *n*
der Opa

62

los **padres**
['paðres] n
die Eltern

Todos los años, mis **padres** nos hacen ir al Mar del Norte.

Jedes Jahr schleppen meine Eltern uns an die Nordsee.

la **tía**
['tia] n
die Tante

Nuestra tía insistió en darnos un beso.

Unsere Tante bestand auf einem Küsschen.

el **tío**
['tio] n
der Onkel

Tu tío piensa que es un manitas, ¿verdad?

Dein Onkel hält sich für einen großen Handwerker, was?

el **primo**, la **prima**
['primo, 'prima] n
der Cousin, die Cousine

¡**Primo**, el pato se queda fuera!

Cousin, die Ente bleibt draußen!

la **mujer**, la **esposa**
[mu'xer], [es'posa] n
die Ehefrau

Quien tiene una **mujer** así no necesita amante.

Wer so eine Ehefrau hat, braucht keine Geliebte.

il **marito**
[ma'ri:to] n
der Ehemann

Un bravo marito è il sogno di ogni suocera.

Ein braver Ehemann ist der Traum jeder Schwiegermutter.

la **pareja**
[pa'rɛxa] n
das Paar

¡Qué bonita pareja!

Was für ein schönes Paar!

soltero, soltera
[sɔl'tero, sɔl'tera] *adj*
ledig

Mientras siga **soltero**, a mis pies no les faltará el aire.

Solange ich ledig bleibe, bekommen meine Füße genügend Luft.

la boda
['boða] *n*
die Hochzeit

Después de la **boda** tengo que volver directamente a la oficina, cariño.

Nach der Hochzeit muss ich gleich wieder ins Büro, Schatz.

casado, casada
[ka'saðo, ka'saða] *adj*
verheiratet

Ahí lo tienes: felizmente **casados** desde hace 52 años.

Gell, da schaust du: seit 52 Jahren glücklich verheiratet.

casarse
[ka'sarse] *v*
heiraten

¿Para qué **casarme** con un príncipe, si te tengo a ti?

Was soll ich einen Prinzen heiraten, wenn ich dich haben kann?

el **amor**
[a'mɔr] *n*
die Liebe

La flecha del **amor** se clava
a ciegas.

Blindlings trifft der Liebe Pfeil.

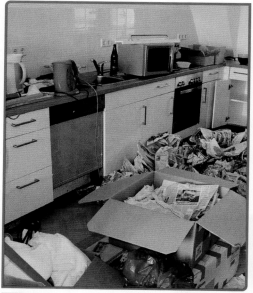

amar
[a'mar] *v*
lieben

En un lugar así, es más fácil
amarte.

*An so einem Ort ist es einfacher,
dich zu lieben.*

convivir
[kɔmbi'βir] *v*
zusammenleben

Convivir con vosotros es
verdaderamente difícil.

*Mit euch ist es echt schwierig
zusammenzuleben.*

el **beso**
['beso] *n*
der Kuss

Fue con un **beso** así como
desperté a la Bella Durmiente.

*Mit so einem Kuss habe ich damals
schon Dornröschen geweckt.*

besar(se)
[be'sarse] *v*
(sich) küssen

Bah, los humanos **besan** con
demasiada suavidad.

*Bah, Menschen küssen immer
so weich.*

Señor und señora werden auch mit Artikel benutzt: ¿Está la señora Gómez? – „Ist Frau Gómez da?" Bei der Anrede lässt man aber den Artikel weg: ¡Muchas gracias, señor García! – „Vielen Dank, Herr García!"

el señor
[se'ɲɔr] *n*
der Herr

¡Volvemos a vernos, **señor** Bond!

So sehen wir uns wieder, Herr Bond!

la señora
[se'ɲora] *n*
die Frau

Le felicito por haber sido elegida Miss, **señora** Fu.

Ich gratuliere zum Gewinn der Miss-Wahl, Frau Fu.

cuidar de
[kŭi'ðar ðe] *v*
sich kümmern um

Una vez al año **cuidaban de** la abuela de manera ejemplar.

Einmal im Jahr kümmerten sie sich vorbildlich um Oma.

fiel
[fiɛl] *adj*
treu

Amo, ¿me serás siempre **fiel**?

Herrchen, wirst du mir immer treu bleiben?

infiel
[im'fiɛl] *adj*
untreu

Conmigo, seguro que todas las mujeres son **infieles**…

Bei mir wird garantiert jede Frau untreu …

odiar
[o'ðĭar] v
hassen

Odio la sopa de calabaza para desayunar.

Ich hasse Kürbissuppe zum Frühstück.

el odio
['oðĭo] n
der Hass

El **odio** va unido muchas veces a la estupidez.

Hass geht oft mit Dummheit einher.

separar(se)
[sepa'rar(se)] v
(sich) trennen

Quizá deberíamos **separarnos**…

Vielleicht sollten wir uns trennen…

la viuda
['bĭuða] n
die Witwe

¡Tan joven y ya **viuda**!

So jung und schon Witwe!

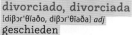

el viudo
['bĭuðo] n
der Witwer

Me gustaría animar un poco al pobre **viudo**.

Ich wollte, ich könnte den alten Witwer ein wenig aufheitern.

divorciado, divorciada
[diβɔr'θĭaðo, diβɔr'θĭaða] adj
geschieden

Desde que estoy **divorciado**, los niños duermen otra vez tranquilamente.

Seit ich geschieden bin, schlafen die Kinder wieder ruhig.

el **amigo**
[a'miɣo] *n*
der Freund

la **amiga**
[a'miɣa] *n*
die Freundin

Cuando todos mis amigos se fueron al agua, tuve por fin el barco para mí.

Nachdem alle meine Freunde von Bord waren, hatte ich das Boot endlich für mich.

Im Spanischen werden als amigos auch Personen bezeichnet, mit denen man nur eine oberflächliche Beziehung hat, wo man also im Deutschen Bekannte sagen würde.

la **amistad**
[amis'ta(ð)] *n*
die Freundschaft

A Erwin y a Karl-Heinz los une una profunda amistad.

Erwin und Karl-Heinz verbindet eine tiefe Freundschaft.

amistoso, amistosa
[amis'toso, amis'tosa] *adj*
freundschaftlich

Tuvimos una conversación amistosa, pero no comprendí ni una palabra.

Wir hatten ein freundschaft-liches Gespräch, aber ich habe kein Wort verstanden.

PERSONALPRONOMEN

yo [jo] pron ich	nosotros, nosotras [no'sotros, no'sotras] pron wir
tú [tu] pron du	vosotros, vosotras [bo'sotros, bo'sotras] pron ihr
él [ɛl] pron er	
ella ['eʎa] pron sie	ellos, ellas ['eʎos, 'eʎas] pron sie

personal
[pɛrso'nal] adj
persönlich

Hoy me gustaría escribirte una carta **personal**.

Heute möchte ich dir einen persönlichen Brief schreiben.

la gente
['xente] n
die Leute,
die Menschen

¡Cuánta **gente**! Vámonos a casa.

So viele Leute! Lass uns nach Hause gehen.

el/la habitante
[aβi'tante] n
der Einwohner,
die Einwohnerin

¡Mi ciudad tiene los **habitantes** más guays!

Meine Stadt hat einfach die coolsten Einwohner!

el vecino, la vecina
[be'θino, be'θina] n
der Nachbar,
die Nachbarin

¿Has visto la barbacoa nueva del **vecino**?

Hast du den neuen Grill vom Nachbarn gesehen?

el tío
['tio] n
der Kerl

¡Mejor no discutas con ese **tío**!

Leg dich mit dem Kerl lieber nicht an!

junto, junta
['xunto, 'xunta] adv
zusammen

Tocamos **juntos**, pero solo "La Cucaracha".

Wir spielen zusammen, aber immer nur „La Cucaracha".

Dieses Wort kommt meistens im Plural vor: juntos (bzw. juntas für die weibliche Form). Die Singularform verwendet man in Fällen wie: Todo el equipo viajaba junto. – „Die ganze Mannschaft reiste zusammen."

encontrarse, reunirse
[eŋkon'trarse, rreŭ'nirse] v
sich treffen

¿También de Colonia? ¿Y **nos encontramos** aquí en Sydney?

Auch aus Köln? Und dann treffen wir uns hier in Sydney?

el **encuentro**
[eŋ'kŭentro] *n*
das Treffen, die Begegnung

No me ha quedado ningún recuerdo de aquel **encuentro**.

An das Treffen habe ich gar keine Erinnerung mehr.

la **asamblea**
[asam'blea] *n*
die Versammlung

Bienvenidos a la **asamblea** ordinaria de la asociación de criadores de conejos.

Ich begrüße Sie zur ordentlichen Versammlung des Kaninchen-züchter-Vereins.

el **invitado**, la **invitada**
[imbi'taðo, imbi'taða] *n*
der Gast

¡Qué vergüenza daban los **invitados**!

Die Gäste waren mehr als peinlich!

ir a ver, visitar
[ir a ber], [bisi'tar] *v*
besuchen

Tres veces a la semana **voy a ver** a mi Eduardo.

Dreimal die Woche besuche ich meinen Eduard.

invitar
[imbi'tar] *n*
einladen

Sara **invita** otra vez a Fulano y Zutano.

Sara lädt schon wieder Hinz und Kunz ein.

POSSESSIVPRONOMEN

mi [mi] *pron* mein(e)	nuestro, nuestra ['nŭestro, 'nŭestra] *pron*
tu [tu] *pron* dein(e)	unser(e)
su [su] *pron* sein(e), ihr(e)	vuestro, vuestra ['bŭestro, 'bŭestra] *pron* eur(e)
	sus [sus] *pron* ihr(e)

la **conversación**
[kɔmbersa'θĭɔn] *n*
das Gespräch

La conversación fue agradable… hasta que Julia mencionó a Herbert.

*Das Gespräch war nett …
bis Julia Herbert erwähnte.*

contar
[kɔn'tar] *v*
erzählen

decir
[de'θir] *v*
sagen

El cuervo contó que había hecho una película con Hitchcock. La vaca no dijo nada.

*Der Rabe erzählte von seinem Film mit Hitchcock.
Die Kuh sagte nichts.*

el **discurso**
[dis'kurso] *n*
die Rede

Una vez que has empezado el discurso, el miedo se calma.

Wenn du die Rede erst begonnen hast, legt sich die Angst.

llamar
[ʎa'mar] *v*
(an)rufen, nennen

¡No me llames idiota y no vuelvas a llamarme más!

Nenn mich nicht Idiot und ruf mich nie wieder an!

llamarse
[ʎa'marse] *v*
heißen

Se llama Mäxchen y solo quiere jugar.

Er heißt Mäxchen und will nur spielen.

tranquilo, tranquila
[traŋ'kilo, traŋ'kila] *adj*
ruhig

El Lazio de Roma había perdido, pero Antonio seguía asombrosamente tranquilo.

Lazio Rom hatte verloren, aber Antonio blieb erstaunlich ruhig.

silencioso, silenciosa
[si'lenθĭoso, si'lenθĭosa] *adj*
still

Estaba todo demasiado silencioso junto al agua.

Es war ein bisschen zu still am Wasser.

El silencio en la habitación de los niños es maravilloso... Pero tenemos que estar callados para que no se despierten.

el nombre
['nombre] *n*
der Name

¿Cuál era el **nombre** de este humorista?

Wie war doch gleich der Name von diesem Komiker?

el silencio
[si'lenθio] *n*
das Schweigen, die Stille

callarse, estar callado
[ka'ʎarse], [es'tar ka'ʎaðo] *v*
schweigen, leise sein

Die Stille im Kinderzimmer ist einfach herrlich ... aber wir müssen leise sein, sonst wecken wir sie auf.

¡Hola!
['ola] *interj*
Hallo!

"**Hola**", dijo tímidamente.

„Hallo", sagte er schüchtern.

el apellido
[ape'ʎiðo] *n*
der Nachname

¡Encantado! ¿Wang es su nombre o su **apellido**?

Sehr erfreut! Ist Wang Ihr Vor- oder Ihr Nachname?

el nombre (de pila)
['nombre (ðe 'pila)] *n*
der Vorname

¿Por qué no basta con poner el **nombre de pila**?

Warum reicht es nicht, nur den Vornamen hinzuschreiben?

¡Bienvenido!, ¡Bienvenida!
[bjembe'niðo, bjembe'niða] *interj*
Willkommen!

¡**Bienvenidos** a nuestro humilde restaurante de sopas de fideos!

Willkommen in unserer bescheidenen Nudelsuppenbude!

¡Mucho gusto!
['mutʃo 'ɣusto] *interj*
Sehr erfreut!

¡Mucho gusto!
Yo soy pescadero, ¿y usted?

Sehr erfreut!
Ich bin Fischhändler, und Sie?

¡Buenas noches!
['bŭenaz 'notʃes] *interj*
Gute Nacht!

¡Buenas noches, mamá y papá!
Y no tengáis miedo, que yo
estoy aquí.

Gute Nacht, Mama und Papa.
Und habt keine Angst, ich bin
ja da.

¡Hasta luego!
['asta 'lŭeyo] *interj*
Bis gleich! Bis dann!

¡Hasta luego! ¡Y trae el
helicóptero de vuelta a tiempo!

Bis dann! Und bring den Hub-
schrauber rechtzeitig zurück!

¡Buenos días!
['bŭenɔz 'ðias] *interj*
Guten Morgen!,
Guten Tag!

¡Buenas tardes!
['bŭenas 'tarðes] *interj*
Guten Abend!

¡Adiós!
[a'ðjɔs] *interj*
Auf
Wiedersehen!

Buenos días wird
in der Regel ab
Tagesbeginn bis zur
Mittagsmahlzeit
gesagt.

la respuesta
[rrɛs'pu̯esta] *n*
die Antwort

¡Yo sé la respuesta!
Ich weiß die Antwort!

¿Cómo?
[komo] *interj*
Wie bitte?

¿Cómo? Creo que la conexión no funciona bien.
Wie bitte? Ich denke, die Leitung ist gestört.

la pregunta
[pre'ɣunta] *n*
die Frage

Algunas preguntas son muy difíciles de responder.
Manche Fragen sind so schwierig zu beantworten.

preguntar
[preɣun'tar] *v*
fragen

¿Puedo preguntar algo? ¿Qué hace después de clase?
Darf ich Sie noch etwas fragen? Was machen Sie nach dem Unterricht?

contestar
[kɔntes'tar] *v*
antworten

Hansi contesta a todas las preguntas… pero diciendo siempre lo mismo.
Hansi antwortet auf jede Frage, aber immer das Gleiche.

o, u
[o, u] *conj*
oder

¡Escúchame! ¡Ella o yo!
Hey, hör mal – sie oder ich!

pedir
[pe'ðir] *v*
bitten

Pide la protección de sus antepasados.
Sie bittet um den Schutz ihrer Ahnen.

otra vez, de nuevo
['otra βeθ], [de 'n͂ǔeβo] *adv*
wieder, noch einmal

Tócala otra vez, Sam.
Pero esta vez con ritmo.

Spiel's noch einmal, Sam.
Aber diesmal im Rhythmus.

no
[no] *adv*
nein, nicht

¡Lo único que sabes decir
es siempre no!

Alles, was du sagen kannst,
ist immer nur nein!

sí
[si] *adv*
ja, doch

Sí, quiero: es lo que podrías
haber pensado con ese vestido.

Ja, ich will – hättest du dir ja
denken können, bei dem Kleid.

no...en absoluto
[no...en aβso'luto] *adv*
überhaupt nicht

Yo no he pedido esto, y no
me parece raro en absoluto.

Ich habe das nicht
bestellt, und ich
finde das überhaupt
nicht komisch.

y, e
[i], [e] *conj*
und

El señor Pimienta y la señora Sal
se cayeron bien de inmediato.

Herr Pfeffer und Frau Salz waren
sich auf Anhieb sympathisch.

Folgt ein Wort, das mit
i oder hi beginnt, wird
y (und) zu e, vor o oder
ho wird o (oder) zu u:
más o menos („mehr
oder weniger"), aber
uno u otro („der eine
oder der andere").

¡Gracias!...
¡qué lupa tan bonita!

¡Gracias!
['graθīas] *interj*
Danke (schön)!

Danke ... so eine schöne Lupe!

¡De nada!
Y cuando no la necesites...
¿me la puedes prestar?

¡De nada!
[de 'naða] *interj*
Keine Ursache!

Keine Ursache! Und wenn du sie mal nicht brauchst, kannst du sie mir ausleihen ...?

por favor
[pɔr fa'βɔr] *interj*
bitte

¡Otro vodka, **por favor**!

Noch einen Wodka bitte!

querer
[ke'rɛr] *v*
wollen

Papá, **quiero** un poni.
¡Por favoooor!

Papa, ich will ein Pony. Biiiiiiiitteeeee!

exigir
[e(γ)si'xir] *v*
fordern, verlangen

Exigimos más tiempo para manifestarnos.

Wir fordern mehr Zeit fürs Demonstrieren.

prometer
[prome'tɛr] *v*
versprechen

Te **prometo** que mañana compraré un coche nuevo.

Ich verspreche dir, morgen kaufe ich ein neues Auto.

el permiso
[per'miso] *n*
die Erlaubnis

El **permiso** para entrar en el servicio de señoras ha sido concedido.

Die Erlaubnis zum Betreten der Damentoilette wurde erteilt.

la orden
['ɔrðen] *n*
der Befehl

¡Sobre mis **órdenes** no se discute!

Über meine Befehle wird nicht diskutiert!

poder
[po'ðɛr] *v*
dürfen

En verano por fin **puedo** volver a beber Y fumar.

Im Sommer darf ich endlich wieder trinken UND rauchen.

permettere
[per'mettere] *v*
erlauben, gestatten

I miei tesori mi **permettono** di tanto in tanto di sedermi accanto a loro.

Meine Lieblinge erlauben mir ab und zu, mich zu ihnen zu setzen.

la exigencia
[e(ɣ)si'xenθia] *n*
die Forderung

ordenar
[ɔrðe'nar] *v*
befehlen, anordnen

la promesa
[pro'mesa] *n*
das Versprechen

prohibir
[proi'βir] *v*
verbieten, untersagen

¡Hijo, esa página web te la he **prohibido**!

Mein Sohn, diese Website hab' ich dir verboten!

la prohibición
[proiβi'θiɔn] *n*
das Verbot

Para Karl, una **prohibición** es solo un aliciente adicional.

Ein Verbot ist für Karl nur ein zusätzlicher Anreiz.

¿Tenemos que discutirlo ahora aquí, delante de todos?

discutir
[disku'tir] v
diskutieren, sich streiten

Müssen wir das jetzt hier vor allen diskutieren?

la opinión
[opi'nĭɔn] *n*
**die Meinung,
die Ansicht**

Sobre eso no tengo ninguna
opinión…

*Dazu hab' ich absolut keine
Meinung …*

expresar
[e(ɣ)spre'sar] *v*
ausdrücken

La música es mi forma
de **expresarme**.

*Musik ist meine Art, mich
auszudrücken.*

opinar
[o'pinar] *v*
meinen

¿Cómo? ¿**Opinas** que no soy
guapo?

*Du bist der Meinung, ich sehe
nicht gut aus?*

suponer
[supo'nɛr] *v*
**annehmen,
vermuten**

Supongo que le
está escribiendo
a su exmarido…

*Ich nehme an,
Sie schreiben
Ihrem Ex-Mann …*

convencer
[kɔmben'θɛr] *v*
überzeugen

¡Señora, usted sí que sabe
convencer!

*Madame, Sie können wirklich
überzeugen!*

parecer
[pare'θɛr] *v*
scheinen

Cuando yo era pequeño,
todo **parecía** enorme.

*Als ich klein war, schien alles
unendlich groß zu sein.*

aconsejar
[akɔnsɛ'xar] *v*
raten

Solo puedo **aconsejarle**
que cambie de asesor.

*Ich kann Ihnen nur raten,
Ihren Berater zu wechseln.*

diferente
[dife'rente] *adj*
verschieden

igual
[i'ɣŭal] *adj*
gleich

Los colores son diferentes, el peso es igual.

Die Farben sind verschieden, das Gewicht ist gleich.

tolerar
[tole'rar] *v*
tolerieren, hinnehmen

Nosotros también toleramos aquí a las ovejas negras.

Wir tolerieren bei uns auch schwarze Schafe.

preferir
[prefe'rir] *v*
vorziehen, bevorzugen

Yo preferiría azul, pero en el partido del Bayern no se puede.

Ich würde blau vorziehen, aber beim Bayern-Spiel geht das nicht.

proponer
[propo'nɛr] *v*
vorschlagen

En realidad debería proponerles que vayan a otro restaurante.

Eigentlich müsste ich Ihnen ein anderes Restaurant vorschlagen.

aceptar, estar de acuerdo
[aθɛp'tar], [es'tar ðe a'kŭɛrðo] *v*
zustimmen

Si todos están de acuerdo, yo también os doy un "me gusta".

Wenn alle zustimmen, bekommt ihr von mir auch ein „Like".

recomendar
[rrɛkomen'dar] *v*
empfehlen

Recomiendo sin duda ir a Tayikistán en primavera.

Tadschikistan im Frühling kann ich wirklich empfehlen.

lo contrario
[kɔn'trarĭo] *n*
das Gegenteil

¿Es la tradición realmente lo contrario de la modernidad?

Ist Tradition wirklich das Gegenteil von Moderne?

Vale, estaba equivocado. Este no es tu estilo.

estar equivocado, -a
[es'tar ekiβo'kaðo, -a] *v*
**unrecht haben,
sich geirrt haben**

*OK, ich hatte unrecht.
Das ist nicht dein Stil.*

tener razón
[te'nɛr rra'θɔn] *phrase*
recht haben

Tienes razón: ¡han sido los alemanes!

Du hast recht: Es waren die Deutschen!

la **razón**
[rra'θɔn] *n*
der Grund

Necesito una nueva silla.
La razón… ¡es mi perro!

*Ich brauche einen neuen Sessel;
der Grund – ist mein Hund!*

la **diferencia**
[dife'renθĩa] *n*
der Unterschied

la **recomendación**
[rrɛkomenda'θĩɔn] *n*
die Empfehlung

la **propuesta**
[pro'pŭesta] *n*
der Vorschlag

el **acuerdo**
[a'kŭɛrðo] *n*
die Einigung

ayudar
[aju'ðar] *v*
helfen

¡A lo mejor podrías ayudar un poco!

Vielleicht könntest du auch ein bisschen helfen!

evidente
[eβi'ðente] *adj*
offensichtlich

¡Te gusta el pan con chocolate, es evidente!

Du magst Schoko aufs Brot, das ist offensichtlich!

¡Vale!, ¡De acuerdo!
['bale], [de a'kuɛrðo] *interj*
In Ordnung!

–¿Pongo un poco más de melón?
–¡De acuerdo!

Darf's ein bisschen mehr Melone sein? – In Ordnung!

útil
['util] *adj*
nützlich

Un paraguas tan pequeño puede ser útil de muchas formas.

So ein kleiner Schirm kann in vielerlei Weise nützlich sein.

claro, clara
['klaro, 'klara] *adj*
klar

La cosa ya está clara.

Jetzt ist die Sache klar.

el apoyo
[a'pojo] *n*
die Unterstützung

¡Gracias por tu apoyo!

Danke für deine Unterstützung.

el **favor**
[fa'βɔr] *n*
der Gefallen

¿Me haces el favor de echarme crema en la espalda?

Tust du mir den Gefallen und schmierst mir den Rücken ein?

exactamente
[e(γ)sakta'mente] *adv*
genau

Haz **exactamente** lo que te digo y acertarás en el amarillo.

Tu genau, was ich dir sage, dann triffst du ins Gelbe.

importante
[impɔr'tante] *adj*
wichtig

Dices que el casco es **importante**, mamá, pero tú misma no te lo pones.

Du sagst, der Helm ist wichtig, Mama, aber selber trägst du keinen.

es decir
[ez ðe'θir] *phrase*
das heißt

Hay importantes medidas de ahorro, **es decir**: se acabó el papel higiénico.

Es gibt wichtige Sparmaß-nahmen, das heißt: Es ist vorbei mit dem Klopapier.

por ejemplo
[pɔr ɛ'xemplo] *phrase*
zum Beispiel

Esta escena, **por ejemplo**, resulta totalmente artificial.

Diese Szene zum Beispiel wirkt total künstlich.

por ejemplo
[pɔr ɛ'xemplo] *phrase*
zum Beispiel

Esta escena, **por ejemplo**, resulta totalmente artificial.

Diese Szene zum Beispiel wirkt total künstlich.

inútil
[i'nutil] *adj*
zwecklos, nutzlos

Es inútil esperar. Hoy ya no vienen más trenes.

Es ist zwecklos zu warten. Heute kommt kein Zug mehr.

la **ayuda**
[a'juða] *n*
die Hilfe

apoyar
[apo'jar] *v*
unterstützen

la **crítica**
['kritika] *n*
die Kritik

la **importancia**
[impɔr'tanθia] *n*
die Bedeutung

contra
['kɔntra] *prep*
gegen

¡Tengo algo contra
los mosquitos!

*Ich hab' was gegen
Mücken!*

enfadado, enfadada
[emfa'ðaðo, emfa'ðaða] *adj*
sauer, ärgerlich

Con cualquier tontería, ya estás
enfadado.

*Bei jeder Kleinigkeit bist du
gleich sauer.*

la rabia
['rraβĩa] *n*
die Wut

En su rabia, daba una imagen de
orgullo y belleza.

*Er wirkte stolz und schön in
seiner Wut.*

alterarse
[alte'rarse] *v*
sich aufregen

Por favor, no se altere,
simplemente no lo sé.

*Bitte, regen Sie sich nicht auf,
ich weiß es einfach nicht.*

pelearse (con)
[pele'arse (kɔn)] *v*
sich streiten (mit)

No nos peleemos, las flores
han sido caras.

*Lass uns nicht streiten, die
Blumen waren teuer.*

furioso, furiosa
[fu'rĩoso, fu'rĩosa] *adj*
wütend

Cuando Harry se pone furioso,
consigue lo que quiere.

*Wenn Harry wütend wird,
bekommt er, was er will.*

molestar
[moles'tar] *v*
stören

¡Por favor, no molestar!

Bitte nicht stören!

el enfado
[em'faðo] *n*
der Ärger

No descargues tu enfado
en el coche.

*Lass deinen Ärger nicht an dem
Wagen aus.*

porque
[pɔrke] *conj*
weil

Te hago cosquillas **porque**
otra vez estás sin calcetines.

*Du wirst gekitzelt, weil du schon
wieder keine Socken anhast.*

si
[si] *conj*
wenn, falls, ob

Si hubieras saltado un poco
más alto, lo habrías cogido.

*Wenn du etwas höher
gesprungen wärst, hättest
du ihn gekriegt.*

para
['para] *prep*
um ... zu, damit

Para bajar, tienes que pulsar
el botón.

*Um auszusteigen, musst du
den Knopf drücken.*

el enfrentamiento
[emfrenta'mĭento] *n*
der Streit, die Auseinandersetzung

Esto es un **enfrentamiento**
entre hombres.

*Das ist eine Auseinandersetzung
unter Männern.*

¿Quieres...?
['kǐeres] *phrase*
Möchtest du ...?

¿Cómo está (usted)?
['komo es'ta (us'teð)] *phrase*
Wie geht es Ihnen?

¡Bien, gracias!
[b̆ĕn 'graθ̆ĕas] *phrase*
Danke, gut!

¡Adelante!
[aðe'lante] *interj*
Herein!

¡Sírvase!
['sirβase] *phrase*
Bedienen Sie sich!

¡Sí, con mucho gusto!
[si kɔn 'mutʃo 'ɣusto] *phrase*
Ja, gern.

¡Perdón!
[pɛr'ðɔn] *phrase*
Entschuldigung!

¿Qué pasa?
[ke 'pasa] *phrase*
Was ist los?

¿Qué tal?
[ke tal] *phrase*
Wie geht's?

¡Por fin!
[pɔr fin] *phrase*
Endlich!

¡Lo conseguí!
[lo kɔnse'yi] *phrase*
Ich hab's geschafft!

¡Qué faena!
[ke fa'ena] *phrase*
So ein Mist!

¡Vale, gracias!
['bale 'yraθĩas] *phrase*
Gern, vielen Dank!

¡No importa!
[no im'pɔrta] *phrase*
Das macht nichts!

Me da lo mismo.
[me ða lo 'mizmo] *phrase*
Das ist mir gleich.

Me da lo mismo, de todas formas me quería comprar un nuevo coche.

Das ist mir gleich, ich wollte sowieso eine neue Karre kaufen …

Tome asiento, por favor.
['tome a'sĭento pɔr fa'βɔr] *phrase*
Nehmen Sie bitte Platz.

Tome asiento, por favor, mi mujer llegará también enseguida.

Nehmen Sie bitte Platz, meine Frau kommt auch gleich.

Da igual.
[da i'ɣŭal] *phrase*
Egal.

Pero ¿adónde vamos? ¡Bah, **da igual**!

Wo fahren wir eigentlich hin? Ach egal!

¡No te preocupes!
[no te preo'kupes] *phrase*
Keine Sorge!

¡No te preocupes, solo me he caído dos veces!

Keine Sorge, ich bin erst zweimal runtergefallen.

¡Ojalá…!
[ɔxa'la] *interj*
Hoffentlich …!, Wenn das nur …!

¡Ojalá el test dé negativo!

Hoffentlich ist der Test negativ!

Die Bedeutung von ojalá hängt vom verwendeten Tempus ab: Der Konjunktiv Präsens drückt einen realisierbaren Wunsch (hoffentlich …) aus, während sich der Konjunktiv Imperfekt auf einen unrealisierbaren Wunsch (wenn das nur …) bezieht.

Quisiera…
[ki'sera] *phrase*
ich möchte …, ich hätte gern …

Quisiera el de la izquierda…

Ich möchte das linke …

el Estado
[esˈtaðo] *n*
der Staat

Cada **Estado** necesita
su propia bandera.

*Jeder Staat braucht
seine eigene Flagge.*

el **país**
[pa'is] n
das Land

En este país ya vivía gente
hace más de 1500 años.

*In diesem Land lebten schon
vor über 1500 Jahren Menschen.*

el **extranjero,**
la **extranjera**
[e(y)straŋ'xero, e(y)straŋ'xera] n
der Ausländer,
die Ausländerin

Extranjeros en busca de
animales salvajes.

*Ausländer auf der Suche nach
wilden Tieren.*

internacional
[internaθĭo'nal] adj
international

Tenemos que desviarle con una
conexión internacional.

*Wir müssen Sie über eine inter-
nationale Verbindung umleiten.*

nacional
[naθĭo'nal] adj
national, National-

Cuando juega la selección
nacional, puedo llegar a
hacer mucho ruido.

*Wenn die Nationalelf spielt,
kann ich sehr laut werden.*

la **bandera**
[ban'dera] n
die Fahne, die Flagge

La multitud de banderitas
saludan ondeantes a los invitados.

*Die vielen kleinen Fahnen
begrüßen flatternd die Gäste.*

la **nación**
[na'θĭɔn] n
die Nation

la **nacionalidad**
[naθĭonali'ða(ð)] n
die Nationalität

**extranjero,
extranjera**
[e(y)straŋ'xero,
e(y)straŋ'xera] adj
ausländisch, fremd

estatal
[esta'tal] adj
staatlich

la **frontera**
[frɔn'tera] n
die Grenze

Para marcar dónde estaba la
frontera, se construyó una muralla.

*Um den Verlauf der Grenze zu
markieren, wurde eine Mauer errichtet.*

el Gobierno
[go'βίεrno] *n*
die Regierung

El Gobierno está en estrecho contacto con la Iglesia.

Die Regierung hat enge Verbindungen zur Kirche.

el presidente, la presidenta
[presi'ðente, presi'ðenta] *n*
der Präsident, die Präsidentin

Los presidentes se quedaron de piedra.

Die Präsidenten waren wie versteinert.

Bis vor kurzem hieß eine Ministerin noch Frau Minister la (mujer) ministro. Im Laufe der Zeit hat sich die weibliche Form la ministra durchgesetzt.

el ministro, la ministra
[mi'nistro, mi'nistra] *n*
der Minister, die Ministerin

45 años en la política y ya por fin ministro.

45 Jahre in der Politik und erst jetzt endlich Minister.

el parlamento
[parla'mento] *n*
das Parlament

Durante la votación, el parlamento no estaba completo.

Das Parlament war bei der Abstimmung nicht vollzählig.

la oposición
[oposi'θįɔn] *n*
die Opposition

¡La oposición se mantiene firme!

Die Opposition bleibt standhaft!

democrático, democrática
[demo'kratiko, demo'kratika] *adj*
demokratisch

Vamos a decidirlo de forma democrática.

Lassen Sie uns das demokratisch entscheiden.

el poder
[po'ðɛr] n
die Macht

Aun sin su espada láser, tiene mucho poder.

Auch ohne sein Lichtschwert übt er große Macht aus.

el partido
[par'tiðo] n
die Partei

El partido celebró una fiesta a lo grande.

Die Partei feierte eine rauschende Party.

la política
[po'litika] n
die Politik

Yo de política no tengo ni idea.

Von Politik hab' ich keine Ahnung.

la embajada
[emba'xaða] n
die Botschaft

La embajada da la bienvenida a sus visitantes.

Die Botschaft heißt ihre Besucher willkommen.

la democracia
[demo'kraθia] n
die Demokratie

político, política
[po'litiko, po'litika] adj
politisch

el diputado, la diputada
[dipu'taðo, dipu'taða] n
der/die Abgeordnete

poderoso, poderosa
[poðe'roso, poðe'rosa] adj
mächtig

gobernar
[goβɛr'nar] v
regieren

el consulado
[kɔnsu'laðo] n
das Konsulat

la población
[poβla'θiɔn] n
die Bevölkerung

oprimir, reprimir
[opri'mir, rrepri'mir] *v*
unterdrücken

En vano intentó reprimir
el estornudo.

*Sie versuchte vergeblich, das
Niesen zu unterdrücken.*

el dictador
[dikta'ðɔr] *n*
der Diktator

Este dictador no es serio.

Dieser Diktator ist ein Witz.

influir
[imflu'ir] *v*
beeinflussen

El Sr. Schmidt sabe cómo influir
en las decisiones.

*Herr Schmidt weiß, wie man
Entscheidungen beeinflusst.*

firmar
[fir'mar] *v*
unterschreiben

Ni siquiera se fijó en lo
que estaba firmando.

*Sie achtete überhaupt
nicht darauf, was sie
unterschrieb.*

el formulario
[fɔrmu'larĭo] *n*
das Formular

Antes del tratamiento, debe
rellenar todos los formularios.

*Vor der Behandlung müssen Sie
erst alle Formulare ausfüllen.*

oficial
[ofi'θĭal] *adj*
offiziell, amtlich

Ya es oficial: la enfermera lo
hereda todo.

*Jetzt ist es amtlich: Die
Krankenschwester erbt alles.*

la administración
[aðministra'θĭɔn] *n*
die Verwaltung

Claramente, la administración
debe volverse más eficiente.

*Die Verwaltung muss deutlich
effizienter werden.*

la **corona**
[ko'rona] *n*
die Krone

Esta **corona** es demasiado grande para usted, señor Presidente.

Diese Krone ist zu groß für Sie, Herr Vorsitzender.

la **historia**
[is'torĭa] *n*
die Geschichte

A lo largo de la **historia**, la cultura griega ha desmejorado un poco.

Im Lauf der Geschichte hat die griechische Kultur ein wenig abgebaut.

la **reina**
['rreĭna] *n*
die Königin

La **reina** se alegró mucho.

Die Königin war sehr erfreut.

el **rey**
[rreĭ] *n*
der König

Los **reyes** ya creían que se habían perdido.

Die Könige glaubten schon, sich verirrt zu haben.

seguro, segura
[se'yuro, se'yura] *adj*
sicher

Conmigo, tu dinero está **seguro**.

Dein Geld ist bei mir sicher.

el **emperador**
[empera'ðor] *n*
der Kaiser

los **reyes**
['rrejes] *n*
das Königspaar

la **monarquía**
[monar'kia] *n*
die Monarchie

el **reino**
['rreĭno] *n*
das Königreich

Cuando mi caballería **conquiste** aquel emplazamiento de allí, estará usted perdido, señor Mariscal.

conquistare
[koŋkuis'ta:re] v
erobern

Wenn meine Kavallerie die Geschützstellung dort erobert, können Sie ein-packen, Herr Feldmarschall.

il soldato
[sol'da:to] n
der Soldat, die Soldatin

la guerra
['gurra] n
der Krieg

l'esercito
[e'zertʃito] n m
die Armee

Un **esercito** di terracotta faceva la guardia alla tomba dell'imperatore.

Eine Armee aus Terrakotta bewachte das Grab des Kaisers.

la marina militare
[ma'ri:na mili'ta:re] n
die Marine

La **marina militare** svizzera adesso ha anche un sommergibile.

Die Marine der Schweiz hat jetzt auch ein U-Boot.

l'aeronautica militare
[aero'na:utika mili'ta:re] n f
die Luftwaffe

L'**aeronautica militare** ha sempre bisogno di nuovi candidati.

Die Luftwaffe braucht immer neue Bewerber.

il **nemico**,
la **nemica**
[ne'mi:ko, ne'mi:ka] *n*
der Feind, die Feindin

Per alcuni sportivi, l'avversario
diventa un **nemico**.

*Für manchen Sportler wird der
Gegner zum Feind.*

combattere
[kom'battere] *v*
kämpfen

Non hanno fatto che
combattere tutto il giorno.

*Sie haben den ganzen Tag
nur gekämpft.*

il **conflitto**
[kon'flitto] *n*
der Konflikt

Finché nessuno cede, il **conflitto**
rimane irrisolvibile.

*Solange keiner nachgibt, bleibt
der Konflikt unlösbar.*

il/la **terrorista**
[terro'rista] *n m/f*
der Terrorist,
die Terroristin

Mi trattano come se fossi una
terrorista!

*Sie behandeln mich, als wäre ich
eine Terroristin!*

armato, -a
[ar'ma:to, -a] *adj*
bewaffnet

Attenzione, è **armato**!

Vorsicht, er ist bewaffnet!

l'**arma**
['arma] *n f*
die Waffe

David si interessava alle **armi**
già da bambino.

*David interessierte sich schon
als kleiner Junge für Waffen.*

sparare
[spa'ra:re] *v*
schießen

Quando io **sparo**, le anatre
muoiono dalle risate.

*Wenn ich schieße, lachen sich
die Enten tot.*

pacifico, -a
[pa'tʃi:fiko, -a] *adj*
friedlich

Con la chitarra in mano, è una
persona **pacifica**.

*Mit der Gitarre in der Hand ist
sie ein friedlicher Mensch.*

la **pace**
['pa:tʃe] *n*
der Frieden

Bisogna tenere stretta la **pace**,
con tutta la forza possibile.

*Man muss den Frieden
festhalten – mit aller Gewalt.*

la sociedad
[soθĭe'ða(ð)] *n*
die Gesellschaft

Tienes que encontrar tu lugar en la sociedad… sin ayuda del GPS.

Du musst deinen Platz in der Gesellschaft finden – ganz ohne GPS.

el público
['puβliko] *n*
die Öffentlichkeit

El que está en público tiene
que contar con que lo puedan
observar.

*Wer in der Öffentlichkeit steht,
muss mit Beobachtung rechnen.*

privado, privada
[pri'βaðo, pri'βaða] *adj*
privat, Privat-

En jet privado es como
más cómodo se viaja.

*Im Privatjet fliegt sich's
einfach am angenehmsten.*

El que es pobre puede
mantener aún así su dignidad.

*Wer arm ist, kann trotzdem
seine Würde bewahren.*

pobre
['poβre] *adj*
arm

rico, rica
['rriko, 'rrika] *adj*
reich

Somos ricos, somos guapos.
¿Alguna pregunta más?

*Wir sind reich, wir sind schön –
sonst noch Fragen?*

la escasez
[eska'seθ] *n*
der Mangel

Cuando hay escasez de dinero,
hay que renunciar incluso al jet
privado.

*Bei Geldmangel muss man sogar
auf den Privatjet verzichten.*

la miseria
[mi'serĭa] *n*
das Elend

Este pobre animal siempre
ha vivido en la miseria.

*Dieses arme Tier hat schon
immer im Elend gelebt.*

público, pública
['puβliko, 'puβlika] *adj*
öffentlich

social
[so'θĭal] *adj*
sozial, gesell-
schaftlich

la riqueza
[rri'keθa] *n*
der Reichtum

la pobreza
[po'βreθa] *n*
die Armut

la **religión**
[rrɛli'xi̯ɔn] *n*
die Religion

La **religión** es creer en un poder que está por encima del ser humano.

Religion ist der Glaube an eine Macht, die über dem Menschen steht.

el **dios**
[di̯ɔs] *n*
der Gott

Los gobernantes de Egipto también eran adorados como **dioses**.

Ägyptens Herrscher wurden auch als Götter verehrt.

Nichtchristliche Götter werden kleingeschrieben, der christliche Gott groß: Dios. Die Femininform lautet la diosa.

rezar
[rrɛ'θar] *v*
beten

No digas nada hasta que haya terminado de **rezar**.

Sag nichts, bis er mit dem Beten fertig ist.

la **fe**
[fe] *n*
der Glaube

Su **fe** los ha llevado muy lejos.

Ihr Glaube hat sie sehr weit gebracht.

la libertad
[liβɛr'ta(ð)] *n*
die Freiheit

La libertad también puede cansar mucho.

Freiheit kann auch ganz schön anstrengend sein.

el ateo, la atea
[a'teo, a'tea] *n*
der Atheist,
die Atheistin

¿Este hombre es realmente ateo?

Ist dieser Mann wirklich ein Atheist?

la justicia
[xus'tiθĩa] *n*
die Gerechtigkeit

La justicia es ciega, pero es fácil cubrirla de oro.

Die Gerechtigkeit ist blind, aber sie lässt sich gerne vergolden.

inocente
[ino'θente] *adj*
unschuldig

Solo cuando duerme tiene Jan ese aspecto inocente.

So unschuldig sieht Jan nur aus, wenn er schläft.

culpable
[kul'paβle] *adj*
schuldig

No todo el que está en la cárcel es necesariamente culpable.

Nicht jeder, der im Gefängnis sitzt, muss auch schuldig sein.

moral
[mo'ral] *adj*
moralisch

He jurado llevar una vida moral.

Ich habe geschworen, ein moralisches Leben zu führen.

credente
[kre'dɛnte] *adj*
gläubig

religioso, -a
[reli'dʒo:so, -a] *adj*
religiös,
Religions-

l'esistenza
[ezis'tɛntsa] *n f*
die Existenz

esistere
[e'zistere] *v*
existieren

la colpa
['kolpa] *n*
die Schuld

amorale
[amo'ra:le] *adj*
unmoralisch

libero, -a
['li:bero, -a] *adj*
frei

giusto, -a
['dʒusto, -a] *adj*
gerecht

ingiusto, -a
[in'dʒusto, -a] *adj*
ungerecht

la ley
[lei] *n*
das Gesetz

¿De verdad? ¿Se ha aprendido todas esas leyes de memoria?

Echt? Sie haben alle diese Gesetze auswendig gelernt?

el derecho
[de'retʃo] *n*
das Recht

La libertad de expresión es uno de los derechos humanos fundamentales.

Meinungsfreiheit gehört zu den grundlegenden Menschenrechten.

legal
[le'ɣal] *adj*
legal

¿De verdad crees que pintar con spray aquí es legal?

Glaubst du wirklich, dass Sprayen hier legal ist?

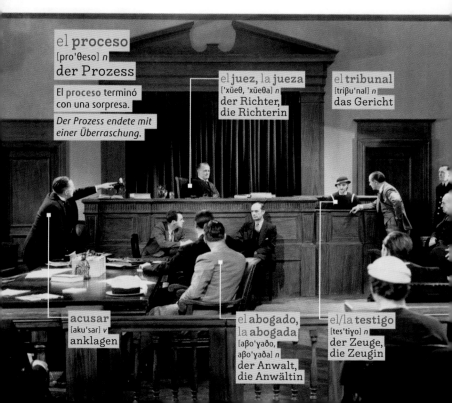

el proceso
[pro'θeso] *n*
der Prozess

El proceso terminó con una sorpresa.

Der Prozess endete mit einer Überraschung.

el juez, la jueza
['xŭeθ, 'xŭeθa] *n*
der Richter, die Richterin

el tribunal
[triβu'nal] *n*
das Gericht

acusar
[aku'sar] *v*
anklagen

el abogado, la abogada
[aβo'ɣaðo, aβo'ɣaða] *n*
der Anwalt, die Anwältin

el/la testigo
[tes'tiɣo] *n*
der Zeuge, die Zeugin

la **víctima**
['biktima] *n*
das Opfer

¡Se acabó lo de ser víctima!
Mañana voy a taekwondo.

Nie wieder Opfer! Morgen gehe ich zum Taekwondo.

el **crimen**
['krimen] *n*
das Verbrechen

El crimen es nuestro negocio.

Verbrechen ist unser Geschäft.

robar
[rrɔ'βar] *v*
stehlen

¿Cómo que robar?
¡Tenemos hambre!

Was heißt hier stehlen?
Wir haben Hunger!

el **castigo**
[kas'tigo] *n*
die Strafe

A Ben su castigo le pareció
terriblemente injusto.

Ben fand seine Strafe furchtbar ungerecht.

matar
[ma'tar] *v*
töten, umbringen

Mira, Erika: este mosquito lo he
matado yo mismo.

Schau mal, Erika: Diese Mücke habe ich selbst getötet.

el **robo**
['rroβo] *n*
der Diebstahl

el **acusado**,
la **acusada**
[aku'saðo, aku'saða] *n*
der Angeklagte,
die Angeklagte

el **asesinato**
[asesi'nato] *n*
der Mord

ilegal
[ile'yal] *adj*
illegal

la **industria**
[in'dustrĩa] *n*
die Industrie

En la **industria**, los puestos de
trabajo se han vuelto escasos.

*In der Industrie sind die
Arbeitsplätze rar geworden.*

la empresa
[em'presa] *n*
die Firma

Somos pequeños, pero somos una auténtica empresa.

Wir sind zwar klein, aber schon eine richtige Firma.

la economía
[ekono'mia] *n*
die Wirtschaft

La economía va todo el tiempo para arriba y para abajo.

Mit der Wirtschaft geht es ständig auf und ab.

el banco
['baŋko] *n*
die Bank

Los bancos tienen en Londres un barrio propio.

Die Banken haben in London ein eigenes Viertel.

ahorrar
[aɔ'rrar] *v*
sparen

Me puedo ahorrar el ahorrar en una libreta de ahorros.

Auf einem Sparbuch zu sparen kann ich mir sparen.

cambiar
[kam'bĭar] *v*
wechseln

No puede ser tan difícil: me gustaría cambiar todas mis monedas en billetes.

Das kann doch nicht so schwer sein: Ich würde gern alle meine Münzen in Scheine wechseln.

la sociedad anónima
[soθĭe'ða(ð) a'nonima] *n*
die Aktiengesellschaft

la demanda
[de'manda] *n*
die Nachfrage

la cifra de negocios
['θifra ðe ne'yoθĭɔs] *n*
der Umsatz

la mercancía
[mɛrkan'θia] *n*
die Ware

La gran oferta de mercancías me agobia.

Das große Angebot an Waren überfordert mich.

el seguro
[se'yuro] *n*
die Versicherung

Solo espero que el **seguro** pague.

Ich kann nur hoffen, dass die Versicherung zahlt.

las deudas
['deŭðas] *n*
die Schulden

La mujer y el perro se han largado, solo se han quedado las **deudas**.

Frau und Hund auf und davon, geblieben sind nur die Schulden.

el dinero suelto
[di'nero 'sŭelto] *n*
das Kleingeld

Muchas gracias, el **dinero suelto** puede hacerme falta.

Vielen Dank, das Kleingeld kann ich gut gebrauchen.

el dinero
[di'nero] *n*
das Geld

Creo que el **dinero** no es importante en absoluto… mientras tenga tarjeta de crédito.

Ich finde Geld total unwichtig – solange ich 'ne Kreditkarte habe.

la tarjeta de crédito
[tar'xeta ðe 'kreðito] *n*
die Kreditkarte

la moneda
[mo'neða] *n*
die Münze

el billete
[bi'ʎete] *n*
die Banknote

el céntimo
['θentimo] *n*
der Cent

el euro
['eŭro] *n*
der Euro

aumentar
[aümen'tar] *v*
erhöhen, steigern

Tenemos que aumentar la velocidad. Si no, nos quedaremos aquí atrapados.

Wir müssen die Geschwindigkeit erhöhen, sonst hängen wir hier fest.

valer la pena
[ba'lɛr la 'pena] *phrase*
sich lohnen

En este caso, ya no **vale la pena** reparar.

Hier lohnt sich eine Reparatur nicht mehr.

importar
[impɔr'tar] *v*
importieren, einführen

Todas estas frutas son importadas.

All diese Früchte sind importiert.

el pedido
[pe'ðiðo] *n*
der Auftrag, die Bestellung

Mientras llega su pedido, ¿puedo sentarme con ustedes?

Kann ich mich zu Ihnen setzen, bis Ihre Bestellung kommt?

reducir
[rreðu'θir] *v*
verringern, senken

De repente, el Conde Wumme redujo la velocidad.

Urplötzlich verringerte Graf Wumme sein Tempo.

bajar
[ba'xar] *v*
sinken, sich verringern

asegurar
[aseɣu'rar] *v*
versichern

deber
[de'βɛr] *v*
schulden

exportar
[e(ɣ)spɔr'tar] *v*
exportieren, ausführen

la **agricultura**
[aɣrikul'tura] *n*
die Landwirtschaft

De esta forma, puedo dedicarme a la **agricultura** sin tener que dejar de volar.

So kann ich Landwirtschaft betreiben, ohne das Fliegen aufgeben zu müssen.

cultivar
[kulti'βar] *v*
anbauen

Nuestra familia lleva tres generaciones **cultivando** arroz.

Unsere Familie baut seit drei Generationen Reis an.

fértil
['fertil] *adj*
fruchtbar

¡Si mi oso panda fuera así de **fértil**!

Wenn nur mein Pandabär auch so fruchtbar wäre!

agrícola
[a'ɣrikola] *adj*
landwirtschaftlich

cosechar
[kose'tʃar] *v*
ernten

el **método**
['metoðo] *n*
die Methode

plantar
[plan'tar] *v*
pflanzen

Ayer los planté y hoy los riego:
¿dónde están los tomates?

*Gestern gepflanzt, heute
gegossen – wo bleiben die
Tomaten?*

la cosecha
[ko'setʃa] *n*
die Ernte

La cosecha ha sido
especialmente fructífera
este año. La paga,
sin embargo, menos.

*Die Ernte war dieses Jahr
besonders ertragreich. Der
Lohn dagegen weniger.*

la manera
[ma'nera] *n*
die Art und Weise

Tu manera de jugar a las damas
me pone de los nervios.

*Deine Art und Weise, Dame zu
spielen, nervt mich kolossal.*

cómo
['komo] *conj*
wie

¿De verdad sabes cómo se
arregla esto?

*Weißt du wirklich, wie man das
repariert?*

la granja
['granxa] *n*
der Bauernhof

Justo detrás de los
campos había una granja.

*Gleich hinter den Feldern
lag ein Bauernhof.*

el campo
['kampo] *n*
das Feld

la máquina
['makina] n
die Maschine,
das Gerät

La máquina que realmente
ha cambiado nuestra vida
es la lavadora.

*Die Maschine, die unser Leben
wirklich verändert hat, ist die
Waschmaschine.*

funcionar
[funθïo'nar] v
funktionieren

¿De verdad crees que todavía
funcionan, cariño?

*Glaubst du wirklich, die
funktionieren noch, Bärchen?*

eléctrico,
eléctrica
[e'lɛktriko, e'lɛktrika] adj
elektrisch

Ahora siempre utilizo tu cepillo
de dientes eléctrico, papá.

*Ich benutze jetzt nur noch deine
elektrische Zahnbürste, Papa.*

el motor
[mo'tɔr] n
der Motor,
die Maschine

Unos motores eléctricos
impulsan la línea de producción
de motores de automóvil.

*Elektromotoren treiben
die Fertigungsstraße der
Automotoren an.*

descubrir
[desku'βrir] v
entdecken

¿Houston? Creo que he descubierto aquí huellas.

Houston? Ich glaube, ich habe hier Fußspuren entdeckt …

inventar
[imben'tar] v
erfinden

He **inventado** un aparato que puede leer los pensamientos de ella.

Ich habe ein Gerät erfunden, das ihre Gedanken lesen kann.

construir
[kɔnstru'ir] v
bauen

Estoy **construyendo** aquí para la eternidad.

Ich baue hier für die Ewigkeit.

la fuerza
['fŭɛrθa] n
die Kraft, die Energie

La **fuerza** del agua lo arrastra todo.

Die Kraft des Wassers reißt alles mit.

el sistema
[sis'tema] n
das System

Un **sistema** bueno solo puede ampliarse.

Ein gutes System kann man erweitern.

la energía
[enɛr'xia] n
die Energie

Cuando hace viento, se abastece a la ciudad de **energía**.

Wenn Wind weht, wird die Stadt mit Energie versorgt.

la electricidad
[elɛktriθi'ða(ð)] n
die Elektrizität

el descubrimiento
[deskuβri'mĭento] n
die Entdeckung

el invento
[im'bento] n
die Erfindung

la función
[fun'θĭɔn] n
die Funktion

el **material**
[mate'rĭal] *n*
das Material

la **materia**
[ma'terĭa] *n*
der Stoff

No hay desechos, solo **material** para posibilidades.

Es gibt keinen Abfall, nur Material für Möglichkeiten.

el **vidrio**
['biðrĭo] *n*
das Glas

el **plástico**
['plastiko] *n*
der Kunststoff, das Plastik

reparar, arreglar
[rrɛpa'rar, arrɛ'ɣlar] *v*
reparieren

¿Cuánto tiempo más podrá **arreglar** coches uno mismo?

Wie lange man Autos wohl noch selbst reparieren kann?

exacto, exacta
[e(ɣ)'sakto, e(ɣ)'sakta] *adj*
genau

Ahora mismo te digo la hora **exacta**.

Gleich sage ich dir, wie spät es genau ist.

gordo/gorda sagt man von einem Gegenstand, der eher rund ist, grueso/gruesa von einer Schicht.

delgado, delgada
[dɛl'ɣaðo, dɛl'ɣaða] *adj*
dünn

gordo, gorda
grueso, gruesa
['gɔrðo, 'gɔrða],
['grŭeso, 'grŭesa] *adj*
dick

¡Por Dios, decídete ya! ¿La cuerda **gruesa** o la **delgada**?

Meine Güte, entscheide dich: das dicke oder das dünne Seil?

blando, blanda, suave
['blando, 'blanda], ['sŭaβe] *adj*
weich

Así de suave solo es mi osito de peluche.

Sooo weich ist nur mein Teddybär.

duro, dura
['duro, 'dura] *adj*
hart

He trabajado duro para el compromiso matrimonial.

Ich habe für die Verlobung hart gearbeitet.

frágil
['fraxil] *adj*
zerbrechlich

¡Vaya! ¡Qué frágiles!

Na sowas! Die sind zerbrechlich.

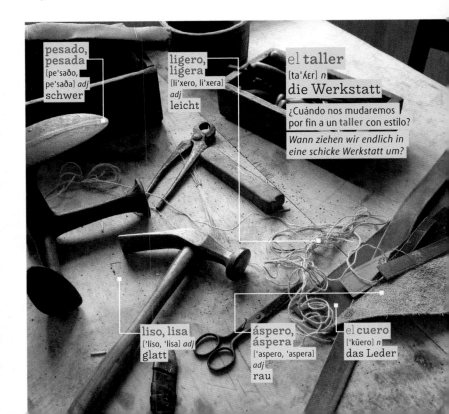

pesado, pesada
[pe'saðo, pe'saða] *adj*
schwer

ligero, ligera
[li'xero, li'xera] *adj*
leicht

el taller
[ta'ʎɛr] *n*
die Werkstatt

¿Cuándo nos mudaremos por fin a un taller con estilo?

Wann ziehen wir endlich in eine schicke Werkstatt um?

liso, lisa
['liso, 'lisa] *adj*
glatt

áspero, áspera
['aspero, 'aspera] *adj*
rau

el cuero
['kŭero] *n*
das Leder

la **vida**
['biða] *n*
das Leben

Donde la vida palpita,
por fuerza nos acercamos más.

*Wo das Leben pulsiert, kommt
man sich zwangsweise näher.*

MITTEN IM LEBEN

la **casa**
['kasa] *n*
das Haus

La escalera para subir a la **casa** puede adquirirse por un módico precio.

Die Leiter zum Haus ist gegen geringen Aufpreis erhältlich.

la **dirección**
[dire(ɣ)'θɪ̃ɒn] *n*
die Adresse

A esta **dirección** ya no traigo más cartas.

Zu dieser Adresse bring' ich keine Briefe mehr.

el **domicilio**
[domi'θil'ĩo] *n*
der Wohnort

En mi domicilio, yo no pago impuestos.

An meinem Wohnort zahle ich keine Steuern.

el **número** (de la calle)
['numero (ðe la 'kaʎe] *n*
die Hausnummer

Maggie vivía en el **número** 10.

Maggie wohnte in Hausnummer 10.

en **casa**
[eŋ 'kasa] *n*
zu Hause

Solo cuando el gato está en la casa me siento en casa.

Nur wenn die Katze im Haus ist, fühle ich mich zu Hause.

la **planta**
['planta] *n*
die Etage

Ella vive en el sexto, pero subo la última **planta** a pie.

Sie wohnt im Sechsten, aber ich gehe die letzte Etage zu Fuß.

ser de
[ser ðe] *v*
kommen aus

Yo soy del planeta XQ6TL-038P#.

Ich komme vom Planeten XQ6TL-038P#.

la **planta baja**, el **bajo**
['planta 'βaxa], ['baxo] *n*
das Erdgeschoss

Vivimos en la **planta baja** para que Chrissie pueda salir en todo momento.

Wir wohnen im Erdgeschoss, damit Chrissie jederzeit raus kann.

la **puerta**
['pŭerta] *n*
die Tür

Solo cuando hay luna llena se
ve aquella puerta.

*Nur bei Vollmond ist jene Tür
sichtbar.*

la **entrada**
[en'traða] *n*
der Eingang

la **salida**
[sa'liða] *n*
der Ausgang

Una puerta giratoria
es entrada y salida
a la vez.

*Eine Drehtür ist
Eingang und
Ausgang zugleich.*

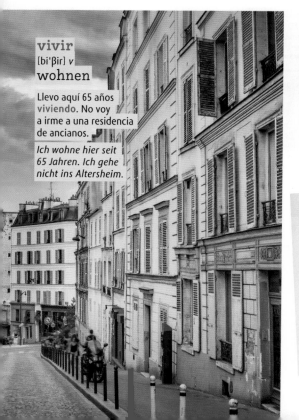

vivir
[bi'βir] *v*
wohnen

Llevo aquí 65 años
viviendo. No voy
a irme a una residencia
de ancianos.

*Ich wohne hier seit
65 Jahren. Ich gehe
nicht ins Altersheim.*

alquilar
[alki'lar] *v*
mieten, vermieten

Alquilo mi sofá a turistas.

*Ich vermiete mein Sofa an
Touristen.*

Für „mieten"
und „vermieten"
verwendet man
im Spanischen
dasselbe Wort:
alquilar.

el tejado, el techo
[tɛ'xaðo] *n*
das Dach

Por lo menos tienen un techo
sobre su cabeza.

*Zumindest haben sie ein Dach
über dem Kopf.*

el edificio
[eði'fiθĭo] *n*
das Gebäude

Vivo en el edificio de la
esquina, en el cuarto piso.

*Ich wohne im Gebäude an
der Ecke im vierten Stock.*

el ascensor
[asθen'sɔr] *n*
der Aufzug

Vamos por la escalera,
el ascensor me parece
muy caro.

*Lass uns die Treppe
nehmen, der Aufzug
ist mir zu teuer.*

la habitación, el cuarto
[aβita'θĭɔn], ['kŭarto] *n*
das Zimmer, der Raum

Dime una cosa: ¿siempre tienes que
meter la bici en la habitación?

*Sag mal, musst du das Rad immer
mit aufs Zimmer nehmen?*

entrar
[en'trar] *v*
eintreten

el alquiler
[alki'lɛr] *n*
die Miete

alojarse
[alɔ'xarse] *v*
unterkommen, absteigen

llamar (al timbre)
[ʎa'mar (al 'timbre)] *v*
klingeln

Llame, señor comisario, yo voy
trayendo el coche.

*Klingeln Sie, Herr Kommissar, ich
hole schon mal den Wagen.*

abrir
[a'βrir] *v*
öffnen, aufmachen

Ama, abre por favor la trampa.

*Frauchen, mach doch mal die
Falle auf.*

cerrar
[θe'rrar] *v*
schließen, zumachen

Cierra los ojos y relájate.

*Schließ die Augen und
entspann' dich.*

la pared
[pa're(ð)] *n*
die Wand

¿De verdad quieres dejar la
pared sin enlucir?

*Willst du die Wand wirklich
unverputzt lassen?*

la ventana
[ben'tana] *n*
das Fenster

Como jefe de departamento,
por fin tengo una oficina
con ventana.

*Als Abteilungsleiter habe ich
endlich ein Büro mit Fenster.*

el muro
['muro] *n*
die Mauer

Los niños están pintados
en el muro, el columpio es
de verdad.

*Die Kinder sind an die Wand
gemalt, die Schaukel ist echt.*

STEP BY STEP LANE

el suelo
['sŭelo] *n*
der (Fuß)Boden

Por las mañanas tengo que
probar primero lo frío que está
el suelo.

*Morgens muss ich erst testen,
wie kalt der Fußboden ist.*

la **terraza**
[tɛˈrraθa] *n*
die **Terrasse**

Mia se puso cómoda en la terraza con su donut.

Mia hatte es sich mit ihrem Donut auf der Terrasse gemütlich gemacht.

el **balcón**
[balˈkɔn] *n*
der **Balkon**

¿Te vienes esta noche a mi balcón?

Kommst du heute Nacht zu mir auf den Balkon?

la **escalera**
[eskaˈlera] *n*
die **Treppe**

En esta escalera siempre me mareo.

Auf dieser Treppe wird mir immer schwindelig.

la **cerradura**
[θɛrraˈðura] *n*
das **Schloss**

la **llave**
[ˈʎaβe] *n*
der **Schlüssel**

Por favor, mete con mucho cuidado la llave en la cerradura.

Bitte den Schlüssel sehr vorsichtig ins Schloss stecken.

el **sótano**
[ˈsotano] *n*
der **Keller**

Theo tiene auténticos tesoros en el sótano.

Theo hat ein paar echte Schätze im Keller.

el **garaje**
[gaˈraxe] *n*
die **Garage**

Tardaron solo tres minutos en ir del garaje al lugar de la intervención.

Von der Garage zum Einsatzort brauchten sie nur drei Minuten.

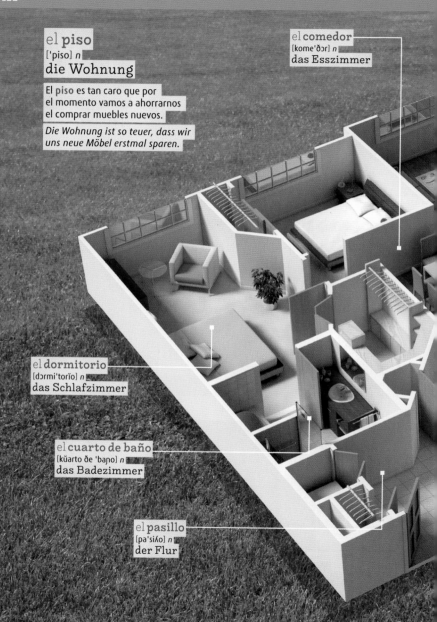

el piso
['piso] n
die Wohnung

El **piso** es tan caro que por el momento vamos a ahorrarnos el comprar muebles nuevos.

Die Wohnung ist so teuer, dass wir uns neue Möbel erstmal sparen.

el **comedor**
[kome'ðɔr] n
das Esszimmer

el **dormitorio**
[dɔrmi'torĭo] n
das Schlafzimmer

el **cuarto de baño**
[kŭarto ðe 'baɲo] n
das Badezimmer

el **pasillo**
[pa'siʎo] n
der Flur

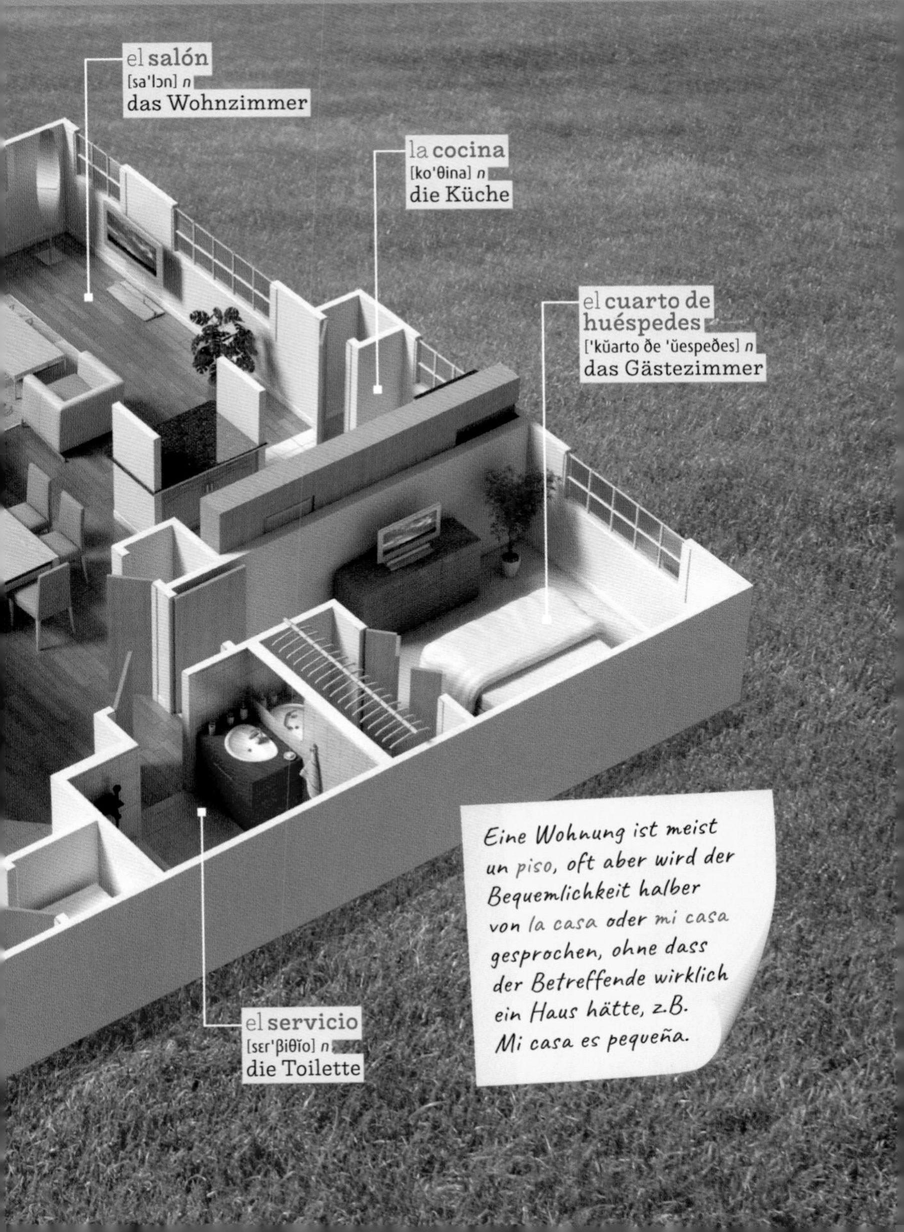

el **salón**
[sa'lɔn] *n*
das Wohnzimmer

la **cocina**
[ko'θina] *n*
die Küche

el **cuarto de
huéspedes**
['küarto ðe 'üespeðes] *n*
das Gästezimmer

el **servicio**
[sɛr'βiθĩo] *n*
die Toilette

Eine Wohnung ist meist
un *piso*, oft aber wird der
Bequemlichkeit halber
von *la casa* oder *mi casa*
gesprochen, ohne dass
der Betreffende wirklich
ein Haus hätte, z.B.
Mi casa es pequeña.

124

lavarse los dientes
[la'βarse lɔz 'ðĩentes] *phrase*
Zähne putzen

Por la mañana, cuando **me lavo los dientes**, normalmente estoy dormido todavía.

Morgens beim Zähneputzen schlafe ich meistens noch.

la **toalla**
[to'aʎa] *n*
das Handtuch

Ya no basta con poner una toalla para reservar la tumbona.

Ein Handtuch zum Reservieren der Liege reicht nicht mehr.

la **ducha**
['dutʃa] *n*
die Dusche

¿Ducha o bañera? De cualquier manera se acaba limpio.

Dusche oder Badewanne? Sauber wird man in jedem Fall.

la **bañera**
[ba'ɲera] *n*
die Badewanne

afeitarse
[afɛĩ'tarse] *v*
sich rasieren

Déjate de tonterías, papá. Todavía no tengo que afeitarme.

Lass den Quatsch, Papa, ich muss mich noch nicht rasieren.

el **cepillo de dientes**
[θe'piʎo ðe 'ðĩentes] *n*
die Zahnbürste

El cepillo de dientes era una señal segura: se iba a quedar.

Die Zahnbürste war ein sicheres Zeichen: Sie würde bleiben.

ducharse
[du'tʃarse] *v*
duschen

¿Para qué bañarme en el mar con todos los bichos cuando también puedo ducharme en la playa?

Warum mit Getier im Meer baden, wenn ich am Strand auch duschen kann?

bañarse
[ba'ɲarse] *v*
baden

Cuando Henry se baña, lo que más le gusta es cantar ABBA.

Wenn Henry badet, singt er am liebsten ABBA.

el peine
['pɛine] *n*
der Kamm

Me he comprado un peine exclusivamente para la barba.

Ich habe mir für meinen Bart extra einen Kamm zugelegt.

el champú
[tʃam'pu] *n*
das Shampoo

Este champú hace muchísima espuma.

Dieses Shampoo schäumt einfach ohne Ende.

el secador (de pelo)
[seka'ðɔr (ðe 'pelo)] *n*
der Föhn

Que un simple secador pueda producir tales sensaciones…

Dass ein einfacher Föhn solche Gefühle wecken kann …

el cepillo de pelo
[θe'piʎo ðe 'pelo] *n*
die Haarbürste

el jabón
[xa'βɔn] *n*
die Seife

la crema
['krema] *n*
die Creme

el dentífrico
[den'tifriko] *n*
die Zahnpasta

el mueble
['mŭeβle] *n*
das Möbel(stück)

¡Sorpresa, cariño! Vamos
a renovar por completo
el mobiliario y estos viejos
muebles van para la basura.

Überraschung, mein Bärchen:
Wir richten uns komplett neu
ein – und diese alten Möbel
kommen auf den Sperrmüll.

la mesa
['mesa] *n*
der Tisch

la silla
['siʎa] *n*
der Stuhl

el armario
[ar'marĭo] *n*
der Schrank

¿Tú también estás oyendo
esos extraños ruidos que vienen
del armario?

*Hörst du auch diese komischen
Geräusche aus dem Schrank?*

la lámpara
['lampara] *n*
die Lampe

Bah, una lámpara que solo echa
humo no me sirve para nada.

*Bah, mit einer Lampe, die
nur raucht, kann ich nichts
anfangen.*

la cama
['kama] *n*
das Bett

En la cama de mamá es donde
mejor se está los domingos.

*Bei Mama im Bett ist es
sonntags einfach am schönsten.*

estar sentado
[es'tar sen'taðo] *v*
sitzen

Me pareció un poco inquietante
ver cómo el gato estaba ahí
sentado mirándome.

*Ich fand es leicht unheimlich,
wie die Katze dasaß und mich
anblickte.*

cómodo, cómoda
['komoðo, 'komoða] *adj*
bequem

Sin estos zapatos es mucho
más cómodo.

*Ohne diese Schuhe ist es
so viel bequemer.*

apagar
[apa'ɣar] *v*
ausschalten,
ausmachen

**encender,
prender** LA
[enθen'dɛr], [pren'dɛr] *v*
einschalten,
anmachen

Encender y apagar no
es tan fácil aquí.

*Einschalten und ausschalten
ist hier gar nicht so einfach.*

poner la calefacción
[po'nɛr la kalefaɣ'θjɔn] *phrase*
heizen, erhitzen

Quien más se alegra cuando
pongo la calefacción es el
gato.

*Wer sich am meisten freut,
wenn ich heize, ist die Katze.*

fregar (los platos)
[fre'ɣar (lɔs 'platɔs)] *v*
abwaschen,
Geschirr spülen

Yo he cocinado, tú
tienes que fregar.

*Ich habe gekocht, du
musst abwaschen.*

el **grifo**
['grifo] *n*
der Wasserhahn

la **taza**
['taθa] *n*
die Tasse

el **cenicero**
[θeni'θero] *n*
der Aschen-
becher

el **tenedor**
[tene'ðɔr] *n*
die Gabel

el **vaso**
['baso] *n*
das Glas

la **cucharilla**
[kutʃa'riʎa] *n*
der Teelöffel

el **cuchillo**
[ku'tʃiʎo] *n*
das Messer

la **cuchara**
[ku'tʃara] *n*
der Löffel

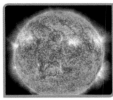

la calefacción
[kalefaɣ'θĩɔn] *n*
die Heizung

La calefacción central de todo
el sistema solar.

*Die Zentralheizung des ganzen
Sonnensystems.*

Nessun
problema, mamma,
mi prendo il latte
da sola dal
frigorifero!

el frigorífico ES,
la heladera LA
[friɣo'rifiko], [ela'ðera] *n*
der Kühlschrank

*Schon gut, Mama, ich hol'
mir die Milch selbst
aus dem Kühlschrank!*

el plato
['plato] *n*
der Teller

la sartén
[sar'ten] *n*
die Pfanne

la cocina
[ko'θina] *n*
der Herd

En casa tengo una cocina de
inducción, por supuesto.

*Zu Hause hab' ich natürlich
einen Induktionsherd.*

la cazuela, la olla
[ka'θŭela], ['oʎa] *n*
der Kochtopf

Solo tenemos una olla, así que
hay que meterlo todo ahí.

*Wir haben nur einen Kochtopf,
da muss eben alles rein.*

la **caja**
['kaxa] *n*
die Schachtel, die Kiste

Maria no quiere salir ya de su caja.

Maria will gar nicht mehr raus aus ihrer Schachtel.

el **espejo**
[es'pexo] *n*
der Spiegel

Podía contemplarse en el espejo durante horas.

Er konnte sich stundenlang im Spiegel betrachten.

la **lavadora** ES,
el **lavarropas** LA
[laβa'ðora], [laβa'rɔpas] *n*
die Waschmaschine

Mi lavadora se come mis calcetines.

Meine Waschmaschine frisst meine Socken.

la **vela**
['bela] *n*
die Kerze

**encender,
prender** LA
[enθen'dɛr], [pren'dɛr] *v*
anzünden

Cada vela que encendemos está unida en el pensamiento con una persona querida.

Jede Kerze, die wir anzünden, ist mit dem Gedanken an einen lieben Menschen verbunden.

el cubo de basura
['kuβo ðe βa'sura] *n*
**der Mülleimer,
die Mülltonne**

Es asombroso lo que uno
puede encontrarse en el
cubo de basura.

*Erstaunlich, was man so alles in
der Mülltonne findet.*

limpio, limpia
['limpĭo, 'limpĭa] *adj*
sauber

Una energía completamente
limpia es una ilusión.

*Absolut saubere Energie ist
eine Illusion.*

sucio, sucia
['suθĭo, 'suθĭa] *adj*
schmutzig

¡Qué sucios estáis! Venga,
entonces dadle rápidamente
un beso a papá.

*Ihr seid aber schmutzig!
Na, dann gebt schnell noch
dem Papa ein Küsschen.*

secar
[se'kar] *v*
trocknen

Creo que el color de tus camisas
sufre si las secamos en el jardín.

*Ich glaube, die Farbe deiner
Hemden leidet, wenn wir sie
im Garten trocknen.*

lavar
[la'βar] *v*
waschen

Timmy piensa que se le da
demasiada importancia al lavar.

*Timmy hält Waschen für
überbewertet.*

ordenar
[ɔrðe'nar] *v*
aufräumen

el encendedor
[enθende'ðɔr] *n*
das Feuerzeug

limpiar
[lim'pĭar] *v*
sauber machen

¡Si piensa que con aplicaciones se puede reemplazar la educación clásica, está muy equivocado!

la educación
[eðuka'θǐɔn] *n*
die Bildung

Wenn Sie glauben, dass irgendwelche Apps eine klassische Bildung ersetzen können, dann sind Sie auf dem Holzweg!

estudiar
[estu'ðiar] *v*
lernen, studieren

Solo se puede estudiar bien
habiendo dormido lo suficiente.

*Nur ausgeschlafen kann man
gut studieren.*

aprender
[apren'dɛr] *v*
lernen

Con usted es como
más me gusta aprender,
señor Karloff.

*Mit Ihnen lerne ich am
liebsten, Herr Karloff.*

*Bei der Übersetzung
des Verbs aprender ist
zu beachten, dass hier
lernen ohne zeitliche
Vorgabe gemeint ist,
während auf ein Ziel
oder auf ein Examen
lernen mit estudiar
übersetzt werden.*

saber
[sa'βɛr] *v*
wissen

¡Estos empollones siempre
lo saben todo!

*Blöde Streber, wissen mal wieder
alles.*

sobre
['soβre] *prep*
über, von

Sobre este asunto no sé
absolutamente nada.

*Über diese Sache weiß ich
absolut nichts.*

el saber,
el conocimiento
[konoθi'miento] *n*
das Wissen

Todo mi conocimiento
proviene de libros antiguos.

*Mein ganzes Wissen stammt
aus alten Büchern.*

explicar
[e(ɣ)spli'kar] *v*
erklären

Yo lo explico una y otra
vez, pero el abuelo no
lo comprende.

*Ich erkläre und erkläre, aber
Opa versteht's einfach nicht.*

comprender
[kɔmpren'dɛr] *v*
verstehen

la **clase**
['klase] *n*
die Klasse

Desgraciadamente, es poco habitual que la clase esté tan tranquila.

So schön ruhig ist es leider nur selten in der Klasse.

el **aula**
['aŭla] *n*
das Klassenzimmer

la **enseñanza**
[ense'nanθa] *n*
der Unterricht

enseñar, dar clases
[ense'ɲar], [dar 'klases] *v*
lehren, unterrichten

No me gusta pasar calor cuando doy clases.

Ich hab's nicht so gern heiß beim Unterrichten.

interesante
[intere'sante] *adj*
interessant

La obra de arte era... eh... interesante.

Das Kunstwerk war ... äh ... interessant.

interesarse (por), tener interés (por)
[intere'sarse], [te'nɛr inte'res] *v*
sich interessieren (für)

Ana tiene más interés por Simon de lo que él quisiera.

Anna interessiert sich mehr für Simon, als ihm lieb ist.

la asignatura
[asiɣnaˈtura] *n*
das Fach

¡El Dr. Albus es una bomba en la asignatura de química!

Dr. Albus ist im Fach Chemie eine Bombe!

el alumno, la alumna
[aˈlumno, aˈlumna] *n*
der Schüler, die Schülerin

Hay alumnos a los que les encanta ir a la escuela.

Es gibt Schüler, die gehen richtig gern zur Schule.

el ejemplo
[ɛˈxemplo] *n*
das Beispiel

Un buen ejemplo de material didáctico en la clase de biología.

Ein gutes Beispiel für Lehr-material im Biologieunterricht.

el ejercicio
[ɛxɛrˈθiθĭo] *n*
die Übung

Hay que repetir este ejercicio tres veces al día.

Diese Übung bitte dreimal täglich wiederholen.

el colegio, la escuela
[koˈlɛxĭo], [esˈkŭela] *n*
die Schule

Durante las vacaciones, el colegio tiene un aspecto fantasmagórico.

In den Ferien ist die Schule gespenstisch.

de
[ðe] *prep*
von
(im Genitiv meist unübersetzt)

Algunos de los alumnos volvieron a copiar en el examen.

Einige der Schüler spickten wieder in der Prüfung.

el profesor, la profesora
[profeˈsɔr, profeˈsora] *n*
der Lehrer, die Lehrerin

el interés
[inteˈres] *n*
das Interesse

el horario
[oˈrarĭo] *n*
der Stundenplan

la **universidad**
[uniβεrsi'ða(ð)] *n*
die Universität

Me da mucha envidia: me gustaría
que nuestra **universidad** tuviera
una biblioteca así de bonita.

*Ich bin total neidisch: ich
wünschte, unsere Universität
hätte eine so schöne Bibliothek.*

el/la **estudiante**
[estu'ðĩante] *n*
der Student,
die Studentin

el **curso**
['kurso] *n*
der Kurs

En el **curso**, Sarah siempre
quiere mostrar a todos que
es la mejor.

*Sarah will im Kurs immer allen
zeigen, dass sie die Beste ist.*

los **estudios**,
la **carrera**
[es'tuðĩɔs], [ka'rrɛra] *n*
das Studium

Sí, créeme, estamos en mitad
de la **carrera**.

*Doch, glaub's mir ruhig, wir sind
mitten im Studium.*

el **catedrático**,
la **catedrática**
[kate'ðratiko, kate'ðratika] *n*
der Professor,
die Professorin

¿Para ser **catedrático** hay que
estar despeinado?

*Muss man zerzauste Haare
haben, um Professor zu werden?*

faltar
[fal'tar] *v*
fehlen

Parece que hoy **falta** Valerie…

Valerie scheint heute zu fehlen…

presente
[pre'sente] *adj*
anwesend, da

No, un momento: está ahí. De hecho, es la única que está **presente**.

Moment, da sitzt sie doch. Sie ist sogar die Einzige, die da ist.

resolver
[rresɔl'βer] *v*
lösen

La mayoría de las veces, los problemas se pueden **resolver** pensando.

Probleme lassen sich meist durch Nachdenken lösen.

entrenar, formar
[entre'nar], [fɔr'mar] *v*
ausbilden

Alex **entrena** halcones para la caza. Mejor sé simpático con los dos.

Alex bildet Falken für die Jagd aus. Sei lieber nett zu den beiden.

la página
['paxina] *n*
die Seite

Casualmente, el libro estaba abierto por la **página** correcta.

Zufällig war das Buch auf der richtigen Seite aufgeschlagen.

practicar
[prakti'kar] *v*
üben

Es fascinante verlos **practicar**.

Ihnen beim Üben zuzusehen ist faszinierend.

el **cuaderno**
[kŭa'ðerno] *n*
das Heft

la **lección**
[le(ɣ)'θiɔn] *n*
die Lektion

la **solución**
[solu'θiɔn] *n*
die Lösung

138

verdadero, verdadera
[berða'ðero, berða'ðera] *adj*
richtig

falso, falsa
['falso, 'falsa] *adj*
falsch

equivocarse
[ekiβo'karse] *v*
sich irren

Con la sal y el azúcar es mejor no equivocarse.

Bei Salz und Zucker sollte man sich nicht irren.

el problema
[pro'βlema] *n*
das Problem

Con la dosis mi marido siempre tiene problemas.

Mit der Dosierung hat mein Mann immer Probleme.

el error
[ε'rror] *n*
der Fehler

Bah, yo no lo llamaría error. Ahora se lleva así.

Ach, Fehler würde ich das nicht nennen. Das trägt man jetzt so.

correcto, correcta
[ko'rrekto, ko'rrekta] *adj*
fehlerfrei

¿Cómo puedo caminar por la línea de manera correcta si no hay línea?

Wie soll ich fehlerfrei auf der Linie gehen, wenn da gar keine Linie ist?

mejorar
[mexo'rar] *v*
(sich) verbessern

Si siempre ayudas a tu hermano, él nunca mejorará.

Wenn du deinem Bruder immer hilfst, wird er sich nie verbessern.

la **atención**
[aten'θĭɔn] *n*
die Aufmerksamkeit

De mi perro espero atención absoluta.

Ich erwarte von meinem Hund absolute Aufmerksamkeit.

suspender ES, **aplazar** LA
[suspen'der], [apla'sar] *v*
durchfallen

Otra vez he suspendido. Nunca tendré el carné de conducir.

Schon wieder durchgefallen. Den Führerschein krieg' ich nie.

la **formación**
[fɔrma'θĭɔn] *n*
die Ausbildung

el **cuidado**, el **esmero**
[kŭi'ðaðo], [ez'mero] *n*
die Sorgfalt

Con coches tan antiguos hace falta un cuidado especial.

Bei so alten Autos ist besondere Sorgfalt nötig.

excelente
[e(y̆)sθe'lente] *adj*
ausgezeichnet, hervorragend

Para el plato principal, una excelente elección, señor.

Für den Hauptgang eine ausgezeichnete Wahl, mein Herr.

DIE STEIGERUNG VON „GUT" UND „SCHLECHT"

buen(o), **buena** ['bŭen(o), 'bŭena] *adj* gut	**bien** [bĭen] *adv* gut	**mal(o)**, **mala** ['mal(o), 'mala] *adj* schlecht	**mal** [mal] *adv* schlecht
el/la mejor [mɛ'xor] *adj* am besten	**mejor** [mɛ'xor] *adv* besser	**el/la peor** [pe'ɔr] *adj* am schlechtesten	**peor** [pe'ɔr] *adv* schlechter

**inscribirse,
matricularse**
[inskri'βirse], [matriku'larse] *v*
sich anmelden

¿De verdad? ¿Necesitas medio
día para **matricularte**?

*Echt? Einen halben Tag brauchst
du, um dich anzumelden?*

**las notas,
el boletín de notas**
['notas], [bole'tin ðe 'notas] *n*
das Zeugnis

Casi tiro también mis **notas**
por el aire.

*Jetzt hätte ich fast auch mein
Zeugnis in die Luft geworfen.*

la nota
['nota] *n*
die Note

Kim ha sacado otra vez la mejor
nota de todos.

*Kim hat von allen wieder die
beste Note bekommen.*

el examen ES,
la prueba LA
[e(ɣ)'samen], ['prŭeβa] *n*
die Prüfung

Copiar en este **examen** es
bastante más difícil.

*Abschreiben ist bei dieser
Prüfung erheblich schwerer.*

difícil
[di'fiθil] *adj*
schwierig

A partir de aquí, la bajada podría ser más difícil.

Ab hier könnte der Abstieg schwierig werden.

fácil
['faθil] *adj*
leicht, einfach

El plato preferido de Lotte es muy fácil.

Lottes Lieblingsgericht geht ganz einfach.

¡Deja de repetirlo todo!

¡Deja tú de repetirlo todo!

repetir
[rrɛpe'tir] *v*
wiederholen

Hör auf, alles zu wiederholen!

Hör du auf, alles zu wiederholen!

la matrícula, la inscripción
[ma'trikula], [inskrip'θiɔn] *n*
die Anmeldung

la dificultad
[difikul'ta(ð)] *n*
die Schwierigkeit

simple
['simple] *adj*
einfach

el test
[tes(t)] *n*
der Test

probar, comprobar
[pro'βar], [kɔmpro'βar] *v*
testen

Me lo paso genial probando coches.

Autos zu testen macht mir einen Höllenspaß.

la **lengua**
['leŋɡŭa] *n*
die Sprache

Para comprender la **lengua** de las abejas, hay que conocer la danza de las abejas.

Um die Sprache der Bienen zu verstehen, muss man den Bienentanz kennen.

la **letra**
['letra] *n*
der Buchstabe

¡Oh, no! Mi máquina de escribir solo tiene letras cirílicas.

Oh, nein! Meine Schreibmaschine hat nur kyrillische Buchstaben.

el **alfabeto**
[alfa'βeto] *n*
das Alphabet

¡Mi Leo ya sabía el alfabeto con un año y medio!

Mein Leon konnte schon mit eineinhalb das Alphabet!

la **pronunciación**
[pronunθïa'θïɔn] *n*
die Aussprache

Cuando Thomas se enfada, su pronunciación se vuelve poco clara.

Wenn sich Thomas ärgert, wird seine Aussprache undeutlich.

traducir
[traðu'θir] *v*
übersetzen

Martín Lutero tradujo la Biblia al alemán.

Martin Luther übersetzte die Bibel ins Deutsche.

significar
[siɣnifi'kar] *v*
bedeuten

Papá, ¿qué es lo que significa "trascendencia"?

Papa, was bedeutet eigentlich „Transzendenz"?

el **diccionario**
[di(ɣ)θïo'narïo] *n*
das Wörterbuch

Siempre ha sido útil: un diccionario.

Schon immer hilfreich: ein Wörterbuch.

el **texto**
['te(ɣ)sto] *n*
der Text

La abuela ya lleva mucho tiempo escribiendo sus textos en el ordenador.

Großmutter schreibt ihre Texte schon lange auf dem Computer.

la **traducción**
[traðu(ɣ)'θïɔn] *n*
die Übersetzung

la **palabra**
[pa'laβra] *n*
das Wort

la **frase**
['frase] *n*
der Satz

el **sustantivo**
[sustan'tiβo] *n*
das Substantiv

el **verbo**
['bɛrβo] *n*
das Verb

el **adjetivo**
[aðxe'tiβo] *n*
das Adjektiv

el **adverbio**
[að'βɛrβïo] *n*
das Adverb

la **gramática**
[gra'matika] *n*
die Grammatik

el **singular**
[siŋgu'lar] *n*
die Einzahl

el **plural**
[plu'ral] *n*
die Mehrzahl

el **significado**
[siɣnifi'kaðo] *n*
die Bedeutung

deletrear
[deletre'ar] *v*
buchstabieren

llamar (por teléfono)
[ʎaˈmar pɔr teˈlefono] *v*
anrufen

Por supuesto, jefe, me puede
llamar cuando quiera.

Aber natürlich, Chef, Sie können
mich jederzeit anrufen.

hablar por teléfono
[aˈβlar pɔr teˈlefono] *phrase*
telefonieren

el **teléfono**
[te'lefono] *n*
das Telefon

Con el nuevo teléfono tengo por fin las manos libres.

Mit dem neuen Telefon habe ich endlich die Hände frei.

marcar
[mar'kar] *v*
wählen

Por favor, marque el "1" para escuchar otra música de espera.

Für eine andere Warteschleifenmusik wählen sie bitte die „1".

Con este móvil le aseguro que nadie puede espiar las conversaciones. Lo he hecho yo mismo.

Dieses Handy ist garantiert abhörsicher. Hab' ich schließlich selbst gebaut.

el (teléfono) móvil ES, el celular LA
[(te'lefono) 'moβil], [selu'lar] *n*
das Mobiltelefon, das Handy

el **contestador automático**
[kɔntesta'ðɔr aŭto'matiko] *n*
der Anrufbeantworter

la **llamada**
[ʎa'maða] *n*
der Anruf

el **prefijo**
[pre'fixo] *n*
die Vorwahl

devolver la llamada
[deβɔl'βɛr la ʎa'maða] *phrase*
zurückrufen

equivocarse
[ekiβo'karse] *v*
sich verwählen

ocupado, ocupada
[oku'paðo, oku'paða] *adj*
besetzt

el **número de** teléfono
['numero ðe te'lefono] *n*
die Telefonnummer

Un momento, me apunto rápidamente tu número de teléfono.

Moment, ich notiere nur schnell deine Telefonnummer.

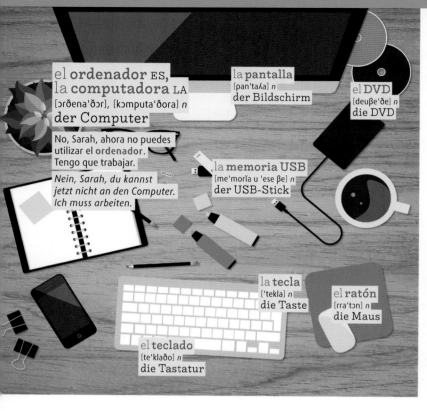

el ordenador ES,
la computadora LA
[ɔrðena'ðor], [kɔmputa'ðora] *n*
der Computer

No, Sarah, ahora no puedes
utilizar el **ordenador**.
Tengo que trabajar.

*Nein, Sarah, du kannst
jetzt nicht an den Computer.
Ich muss arbeiten.*

la pantalla
[pan'taʎa] *n*
der Bildschirm

el DVD
[deuβe'ðe] *n*
die DVD

la memoria USB
[me'morĭa u 'ese βe] *n*
der USB-Stick

la tecla
['tekla] *n*
die Taste

el ratón
[rra'tɔn] *n*
die Maus

el teclado
[te'klaðo] *n*
die Tastatur

el correo, **el e-mail
electrónico**,
[kɔ'rreo elɛk'troniko], ['imel] *n*
die E-Mail

Dame, voy a mirar mi **correo
electrónico**.

Gib her, ich check die E-Mails.

el disco duro
['disko 'ðuro] *n*
die Festplatte

Hay que limpiar a fondo el
disco duro.

*Die Festplatte muss gründlich
gereinigt werden.*

(el/la) Internet
[intɛr'net] *n*
das Internet

Lo que no encuentra **Internet** no existe. ¿No es así?

Was das Internet nicht findet, existiert nicht. Oder?

la página web
['paxina ŭeb] *n*
die Website

Aquí puedo ocuparme por fin de mi **página web.**

Hier kann ich mich endlich mal um meine Website kümmern.

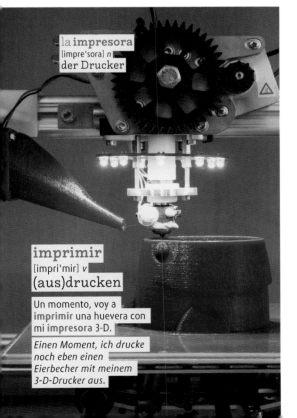

la impresora
[impre'sora] *n*
der Drucker

imprimir
[impri'mir] *v*
(aus)drucken

Un momento, voy a **imprimir** una huevera con mi **impresora** 3-D.

Einen Moment, ich drucke noch eben einen Eierbecher mit meinem 3-D-Drucker aus.

hacer clic
[a'θɛr klik] *v*
klicken

Haga clic en "enviar" para que se cargue el importe en su cuenta.

Klicken Sie jetzt auf „absenden", um den Betrag vom Konto abbuchen zu lassen.

el cursor
[kur'sɔr] *n*
der Cursor

Donde está el **cursor** se puede escribir.

Wo der Cursor steht, darf geschrieben werden.

HAL 2000, inicia el **programa** ahora.

Lo siento, Francis, pero he tenido que **borrar** todos los datos.

los **datos**
['datɔs] *n*
die Daten

eliminar, borrar
[elimiˈnar], [bɔˈrrar] *v*
löschen

el **programa**
[proˈɣrama] *n*
das Programm

HAL 2000, starte jetzt das Programm.

Es tut mir leid Francis, aber ich musste alle Daten löschen.

digital
[dixiˈtal] *adj*
digital

Esto no lo hace nadie más: ¡guitarra de aire digital!

Das macht mir keiner nach: digitale Luftgitarre!

copiar
[koˈpĭar] *v*
kopieren

Tommy solo copia las obras más conocidas.

Tommy kopiert immer nur die bekannteren Werke.

guardar
[ɡŭarˈðar] *v*
sichern, speichern

programar
[proɣraˈmar] *v*
programmieren

el **archivo**
[arˈtʃiβo] *n*
die Datei

insertar
[inserˈtar] *v*
einfügen

la **carta**
['karta] *n*
der Brief

¡Si esta carta hubiera llegado
200 años antes!

*Wäre dieser Brief nur 200 Jahre
früher angekommen!*

el **código postal**
['koðiɣo pɔs'tal] *n*
die Postleitzahl

Maldita sea. Otra vez un
código postal incorrecto.

*So ein Mist. Schon wieder
eine falsche Postleitzahl!*

el **correo**
[kɔ'rreo] *n*
die Post

el **sello**
['seʎo] *n*
die Briefmarke

Prefiero mirar mi
colección de sellos
yo solo.

*Meine Briefmarken-
sammlung sehe ich mir
am liebsten alleine an.*

la **(tarjeta) postal**
[(tar'xeta) pɔs'tal] *n*
die Postkarte

Una postal horrible: ¡perfecta
para la tía Gertrud!

*Schreckliche Postkarte – genau
die richtige für Tante Gertrud!*

enviar, mandar
[embi'ar], [man'dar] *v*
schicken, senden

Déjate de estupideces. Así
mandábamos antes siempre
los mensajes.

*Stell dich nicht so an. So haben
wir früher immer Nachrichten
gesendet.*

(la oficina de) correos
[(ofi'θina ðe) kɔ'rreɔs] *n*
die Post, das Postamt

En la oficina de correos venden
también un montón de tonterías.

*Im Postamt wird aber auch
jede Menge Ramsch verkauft.*

la **información**
[imfɔrma'θïɔn] *n*
die Information

Parece que tiene **información** sobre nuestro profesor de gimnasia.

Sie soll gewisse Informationen über unseren Sportlehrer haben.

emitir
[emi'tir] *v*
senden

Desde ayer **emitimos** con triple potencia.

Seit gestern senden wir mit dreifacher Leistung.

el **anuncio**
[a'nunθïo] *n*
der Werbespot

Con un **anuncio** de fútbol se puede vender todo.

Mit einem Fußball-Werbespot kann man alles verkaufen.

el **programa**
[pro'ɣrama] *n*
die Sendung, das Programm

Otra vez salen solo niños felices en el **programa** infantil.

Schon wieder nur glückliche Kinder im Kinderprogramm.

la **radio**
['rraðɪo] *n*
das Radio

Se llama radio, y lo que hace
no lo puede hacer YouTube.

*Es heißt Radio, und YouTube
kann es nicht.*

ver la televisión
[ber la teleβi'sïɔn] *phrase*
fernsehen

La abuela siempre nos deja **ver
la televisión** mucho tiempo.

*Oma lässt uns immer ganz
lange fernsehen.*

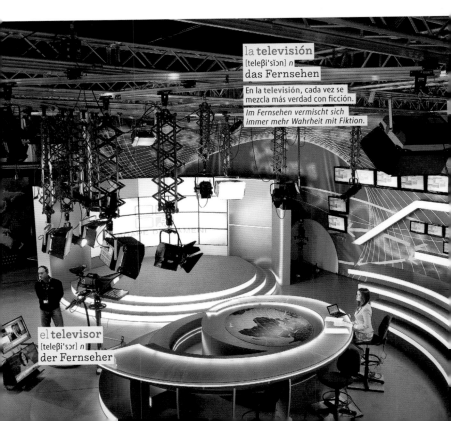

la **televisión**
[teleβi'sïɔn] *n*
das Fernsehen

En la televisión, cada vez se
mezcla más verdad con ficción.

*Im Fernsehen vermischt sich
immer mehr Wahrheit mit Fiktion.*

el **televisor**
[teleβi'sɔr] *n*
der Fernseher

la **prensa**
['prensa] *n*
die Presse

Por supuesto, los chicos de
la prensa estaban allí ya.

*Die Jungs von der Presse
waren natürlich schon alle da.*

las **noticias**
[no'tiθĩas] *n*
die Nachrichten

Las noticias sobre su dimisión
se difundieron al instante.

*Die Nachrichten über seinen
Rücktritt verbreiteten sich im Nu.*

el **periódico**
[pe'rĩoðiko] *n*
die Zeitung

Mi periódico está aún húmedo
cuando lo recibo.

*Meine Zeitung ist noch feucht,
wenn ich sie bekomme.*

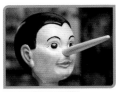

cierto, cierta
['θĭεrto, 'θĭεrta] *adj*
wahr

Es todo cierto, lo garantizo con mi buena reputación.

Das ist alles wahr, dafür bürge ich mit meinem guten Ruf.

la verdad
[bεr'ða(ð)] *n*
die Wahrheit

Ya sabe: en el vino está la verdad.

Sie wissen doch: Im Wein liegt die Wahrheit!

el artículo
[ar'tikuɫo] *n*
der Artikel

No basta con escribir un artículo, tengo que rodar también una película.

Einen Artikel zu schreiben reicht nicht mehr, ich muss auch filmen …

la revista
[rrε'βista] *n*
die Zeitschrift, die Illustrierte

¿Perdone? Tiene que comprar la revista antes de leerla.

Hallo? Sie müssen die Zeitschrift erst kaufen, bevor Sie sie lesen.

informar
[imfɔr'mar] *v*
informieren

Hoy les informaremos sobre la elección del peor chiste del año.

Heute informieren wir Sie über die Wahl zum schlechtesten Witz des Jahres.

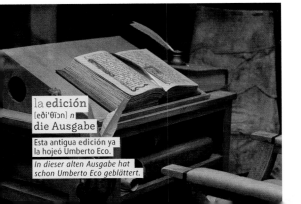

la edición
[eði'θĭɔn] *n*
die Ausgabe

Esta antigua edición ya la hojeó Umberto Eco.

In dieser alten Ausgabe hat schon Umberto Eco geblättert.

el abono
[a'βono] *n*
das Abonnement

Desde que tengo el abono, se amontonan aquí los periódicos.

Seit ich das Abonnement habe, stapeln sich hier die Zeitungen.

la **profesión**

[profeˈsi̯ɔn] *n*

der Beruf

Ah, ¿esa es su **profesión**?
¿Y se puede vivir de eso?

Ach, das ist Ihr Beruf?
Kann man denn davon leben?

profesional
[profesĭo'nal] *adj*
professionell, beruflich

Soy una belleza profesional.

Ich bin eine berufliche Schönheit.

trabajar
[traβa'xar] *v*
arbeiten

Metido hasta las rodillas en la suciedad: ¡a esto lo llamo yo trabajar!

Bis zu den Knien im Dreck: Das nenn' ich arbeiten!

el bombero
[bɔm'bero] *n*
der Feuerwehrmann

A Knut le gustaría ser bombero.

Knut wär' gern Feuerwehrmann.

el peluquero, la peluquera
[pelu'kero, pelu'kera] *n*
der Friseur, die Friseurin

La clienta de esta peluquera tiene mucho más paciencia que otras.

Die Kundin dieser Friseurin ist sehr viel geduldiger als andere.

el dependiente, la dependienta;
[depen'dĭente, depen'dĭenta] *n*
der Verkäufer, die Verkäuferin

Otra vez no hay ningún dependiente por aquí.

Hier ist mal wieder kein Verkäufer zu sehen.

el/la policía, el/la guardia
[poli'θia], ['ǧuarðĭa] *n*
der Polizist, die Polizistin

La policía intentó transmitir calma.

Die Polizistin versuchte, beruhigend aufzutreten.

el abogado, la abogada
[aβo'yaðo, aβo'yaða] *n*
der Anwalt, die Anwältin

Hago el papel de abogado en una serie de televisión.

Ich spiele den Anwalt in einer Fernsehserie.

el puesto de trabajo
['pŭesto ðe tra'βaxo] *n*
die Stelle, der Arbeitsplatz

el trabajo
[tra'βaxo] *n*
die Arbeit

la formación continua
[fɔrma'θĭɔn kon'tinŭa] *n*
die Fortbildung

**el empleador,
la empleadora**
[emplea'ðɔr, emplea'ðoɾa] *n*
der Arbeitgeber,
die Arbeitgeberin

Nuestro empleador tiene una
forma muy peculiar de motivar.
*Unser Arbeitgeber hat eine ganz
spezielle Art zu motivieren.*

**el empleado,
la empleada**
[emple'aðo, emple'aða] *n*
der Arbeitnehmer,
die Arbeitnehmerin

**el compañero,
la compañera**
[kɔmpa'ɲero, kɔmpa'ɲera] *n*
der Kollege,
die Kollegin

Le voy a pasar a mi compañera
un poco más de trabajo. A ella le
gusta hacerlo.

*Ich gebe meiner Kollegin
noch ein bisschen Arbeit ab –
die macht's gern.*

contratar
[kɔntra'tar] *v*
einstellen

Nos gustaría contratarlo como
encargado de la sección juvenil.

*Wir möchten Sie gerne als
Jugendbeauftragten einstellen.*

emplear
[emple'ar] *v*
beschäftigen

el jefe, la jefa
['xefe, 'xefa] *n*
der Chef, die Chefin

la dirección
[dire(γ)'θiɔn] *n*
die Geschäftsleitung

**el desempleo,
el paro** ES
[desem'pleo], ['paro] *n*
die Arbeitslosigkeit

el empleo
[em'pleo] *n*
die Anstellung,
die Beschäftigung

No he encontrado un
empleo mejor.

*Eine bessere Beschäftigung
habe ich nicht gefunden.*

el equipo
[e'kipo] *n*
das Team

Un equipo da apoyo.
Ein Team gibt einem Halt.

el gerente, la gerenta
[xe'rente, xe'renta] *n*
der Geschäftsführer, die Geschäftsführerin

Bien negociado: si no hace bien su trabajo de gerente, tendrá una elevada indemnización.

Gut verhandelt: Wenn er als Geschäftsführer versagt, gibt es eine hohe Abfindung.

el personal
[perso'nal] *n*
das Personal

Mal negociado: si el gerente lo hace mal, se recortará el salario del personal.

Schlecht verhandelt: Wenn der Geschäftsführer versagt, gibt es beim Personal Lohnkürzungen.

Bueno, compañero: usted es ahora responsable de coser.

responsable
[rrespon'saβle] *adj*
zuständig, verantwortlich

So Herr Kollege, fürs Zunähen sind jetzt Sie zuständig.

desempleado, desempleada
[desemple'aðo, desemple'aða] *adj*
arbeitslos

De que Karl estuviera desempleado se alegró solamente el perro.

Dass Karl arbeitslos war, freute nur den Hund.

dirigir
[diri'xir] *v*
leiten, führen

Sí, lo ha entendido bien: YO dirijo esta empresa.

Sie haben schon richtig gesehen: ICH leite diese Firma.

Ven al sindicato, decían, tendrás experiencias...

el **sindicato**
[sindi'kato] *n*
die Gewerkschaft

*Komm zur Gewerkschaft, hieß es,
da kannst du was erleben ...*

ganarse la **vida**
[ga'narse la 'βiða] *phrase*
seinen Lebens-
unterhalt verdienen

De funcionario me **ganaría la vida** mucho más fácilmente.

Als Beamter könnte ich meinen Lebensunterhalt viel leichter verdienen.

ganar
[ga'nar] *v*
verdienen

Mi aplicación gana dinero por mí, yo solo tengo que pasar el dedo.

Meine App verdient für mich das Geld, ich muss nur wischen.

la **solicitud**
[soliθi'tu(ð)] *n*
die Bewerbung

¡Maldita solicitud online!

Vermaledeite Online-Bewerbung!

la **huelga**
['uɛlɣa] *n*
der Streik

¿Esperar a que termine la huelga?
¡Para eso podemos ir en tren!

Warten, bis der Streik beendet ist?
Da können wir ja gleich Bahn fahren!

la **exigencia**
[e(ɣ)si'xenθïa] *n*
die Forderung

Si cumple con nuestras exigencias,
no habrá problemas.

Erfüllen Sie unsere Forderungen,
dann gibt es keine Probleme.

el **sueldo**, el **salario**
['sueldo], [sa'larïo] *n*
der Lohn, das Gehalt

He hecho los cálculos: ¡mi
sueldo está por debajo del
salario mínimo!

Ich hab' nachgerechnet:
Mein Gehalt liegt noch unter
dem Mindestlohn!

exigir
[e(ɣ)si'xir] *v*
fordern

presentarse
a un puesto
[presen'tarse a um
'puesto] *phrase*
sich bewerben

estar en huelga
[es'tar eŋ 'uɛlɣa] *phrase*
streiken

la **pensión**
[pen'sïon] *n*
die Rente

Con la **pensión** miserable que tengo
no puedo permitirme la **jubilación**.

Mit meiner kümmerlichen Rente kann
ich mir den Ruhestand nicht leisten.

la **jubilación**
[xuβila'θïon] *n*
die Rente,
der Ruhestand

el despacho, la oficina
[des'patʃo], [ofi'θina] *n*
das Büro

¡Hurra! En el nuevo despacho, cada uno tiene su propio escritorio.

Hurra! Im neuen Büro hat jeder seinen eigenen Schreibtisch.

el escritorio
[eskri'torĭo] *n*
der Schreibtisch

el bolígrafo
[bo'liɣrafo] *n*
der Kugelschreiber, der Stift

Para cada tarea Mike tiene un **bolígrafo** especial.

Für jede Aufgabe hat Mike einen speziellen Stift.

el secretario, la secretaria
[sekre'tarĭo, sekre'tarĭa] *n*
der Sekretär, die Sekretärin

Sí, desde luego nuestra **secretaria** es comunicativa.

Doch, kommunikativ ist sie, unsere Sekretärin.

la fotocopiadora
[fotokopĭa'ðora] *n*
der Kopierer

Bernhard se hace siempre las fotos de carné en la **fotocopiadora**.

Bernhard macht seine Passbilder immer nur auf dem Kopierer.

los **documentos**
[doku'mentos] *n*
die Unterlagen

En alguna parte entre los documentos
tiene que estar la tarjeta del servicio de pizzas.

*Irgendwo in den Unterlagen muss
die Karte vom Pizzaservice sein.*

la **tarjeta de visita**
[tar'xeta ðe βi'sita] *n*
die Visitenkarte

En la tarjeta de visita está todo
lo que necesita saber sobre mí.

*Auf der Visitenkarte steht
alles, was Sie über mich
wissen müssen.*

escribir
[eskri'βir] *v*
schreiben

Escribir a mano permite que
los pensamientos fluyan más
libremente.

*Mit der Hand zu schreiben lässt
die Gedanken freier fließen.*

la **agenda**
[a'xenda] *n*
der Kalender

En esta agenda pasa
algo raro con febrero.

la **nota**
['nota] *n*
die Notiz

*Mit dem Februar in
diesem Kalender stimmt
etwas nicht.*

el **papel**
[pa'pɛl] *n*
das Papier

El papel no puede
decidir con qué se va
a imprimir sobre él.

*Papier kann sich nicht
aussuchen, womit es
bedruckt wird.*

el **lápiz**
['lapiθ] *n*
der Bleistift

apuntar
[apun'tar] *v*
notieren

la **hoja**
['oxa] *n*
das Blatt

el **calendario**
[kalen'darĩo] *n*
der Kalender

el alimento
[ali'mento] *n*
die Lebensmittel,
das Essen

Nunca tiramos **alimentos** a la
basura: ¡nos los comemos todos!

Wir werfen keine Lebensmittel
weg – wir essen sie alle auf!

comer
[ko'mɛr] *v*
essen

Luca ya sabe comer solo.

Luca kann schon alleine essen.

el **hambre**
['ambre] *n*
der Hunger

La pequeña oruga todavía tenía **hambre**.

Die kleine Raupe hatte immer noch Hunger.

beber
[be'βer] *v*
trinken

Por las tardes, a Akono le gusta beber un poco de más.

Nachmittags trinkt Akono gerne mal einen über den Durst.

la **sed**
[seð] *n*
der Durst

Seguí caminando y caminando e intenté olvidarme de la sed.

Ich ging weiter und weiter und versuchte, meinen Durst zu vergessen.

tener hambre
[te'nɛr 'ambre] *phrase*
hungrig sein

tener sed
[te'nɛr seð] *phrase*
durstig sein

la **comida**
[ko'miða] *n*
die Mahlzeit

¡Buen provecho!
[bŭen pro'βetʃo] *phrase*
Guten Appetit!

el **apetito**
[ape'tito] *n*
der Appetit

El entrante es demasiado poco… teniendo en cuenta su apetito.

Die Vorspeise ist viel zu wenig – gemessen an seinem Appetit …

¡Salud!
[sa'lu(ð)] *interj*
Prost!

Por fin: el jefe ha renunciado. ¡Salud!

Endlich: Der Chef hat aufgegeben. Prost!

picante
[pi'kante] *adj*
scharf

No las uses todas, no me gusta tan picante.

Nimm nicht alle, ich mag es nicht so scharf.

ácido, ácida
['aθiðo, 'aθiða] *adj*
sauer

Este limón es poco ácido.

Diese Zitrone ist nicht so sauer.

dulce
['dulθe] *adj*
süß

Son tan dulces como peligrosos.

Sie sind so süß wie gefährlich.

Lo mantengo: esta sopa **sabe** a calcetines viejos.

saber
[sa'βer] *v*
schmecken

Ich bleibe dabei: Diese Suppe schmeckt wie alte Socken.

cocinar
[koθi'nar] v
kochen

Los sábados aprendo a cocinar con mi hermana.

Samstags lerne ich mit meiner Schwester kochen.

cortar
[kɔr'tar] v
schneiden

Esta sierra corta la madera dura como si fuera mantequilla.

Diese Säge schneidet Hartholz wie Butter.

hervir, cocer
[ɛr'βir], [ko'θɛr] v
kochen

Aquí hierve su agua la naturaleza.

Hier kocht die Natur ihr Wasser.

congelado, congelada
[kɔŋxe'laðo, kɔŋxe'laða] adj
tiefgekühlt, Tiefkühl-

El problema de la fruta congelada es que los dientes duelen al morder.

Das Problem bei tiefgekühltem Obst ist, dass die Zähne beim Beißen wehtun.

fresco, -a
['fresko, -a] adj
frisch

squisito, -a
[skui'zi:to, -a] adj
köstlich

preparare
[prepa'ra:re] v
zubereiten

riscaldare
[riskal'da:re] v
warm machen

crudo, cruda
['kruðo, 'kruða] adj
roh

Estoy haciendo la dieta de la Edad de Piedra: todo crudo, pero con estilo.

Ich mache die Steinzeit-Diät: alles roh, aber mit Stil.

hecho, hecha
['etʃo, 'etʃa] adj
gar

Claro que las setas están calientes; si no, no estarían hechas.

Natürlich sind die Pilze heiß, sonst wären sie ja nicht gar.

el pan
[pan] *n*
das Brot

No me fío del panadero:
yo mismo me hago mi pan.

Ich trau diesem Bäcker nicht –
ich mach' mein Brot selber.

el trozo
['troθo] *n*
das Stück

¡Ay, no! ¡Por favor, solo un trozo
muy pequeño!

Ach nein, bitte nur ein ganz
kleines Stück!

la pasta
['pasta] *n*
die Nudeln

En Japón, se puede sorber la
pasta haciendo ruido.

In Japan darf man die Nudeln
auch schlürfen.

el arroz
[a'rrɔθ] *n*
der Reis

Con trufas, el arroz simple se
convierte en alta cocina.

Mit Trüffeln wird simpler Reis
zur Haute Cuisine.

la galleta
[ga'ʎeta] *n*
der Keks

En nuestra casa vive un espíritu
que hace desaparecer las
galletas.

Bei uns lebt ein Geist, der Kekse
verschwinden lässt.

los macarrones
[maka'rrones] *n*
die Makkaroni,
die Nudeln

la rebanada
[rreβa'naða] *n*
die Scheibe

el panecillo
[pane'θiʎo] *n*
das Brötchen

el pastel, la tarta
[pas'tɛl], ['tarta] *n*
der Kuchen

¿Cómo dice? ¿Nuestros
pasteles no le gustan?

Wie bitte? Unsere Kuchen
schmecken Ihnen nicht?

la **verdura**
[ver'duːra] *n*
das Gemüse

Verdure di tutto il mondo, unitevi!

Gemüse aller Länder, vereinigt euch!

la **zanahoria**
[θanaˈorǐa] *n*
die Möhre, die Karotte

la **patata** ES,
la **papa** ES-LA
[paˈtata], [ˈpapa] *n*
die Kartoffel

el **pepino**
[peˈpino] *n*
die Gurke

el **maíz**
[maˈiθ] *n*
der Mais

el **pimiento**
[piˈmǐento] *n*
die Paprika

el **tomate**
[toˈmate] *n*
die Tomate

Los tomates rojos acabarán esta noche en la ensalada.

Die roten Tomaten landen heute Abend im Salat.

la **cebolla**
[θeˈβoʎa] *n*
die Zwiebel

Odio cortar cebollas.

Ich hasse es, Zwiebeln zu schneiden.

la **aceituna**
[aθeĭˈtuna] *n*
die Olive

¿Agitado o removido? Da igual, lo importante es que tenga su aceituna.

Gerührt oder geschüttelt? Egal, Hauptsache mit Olive.

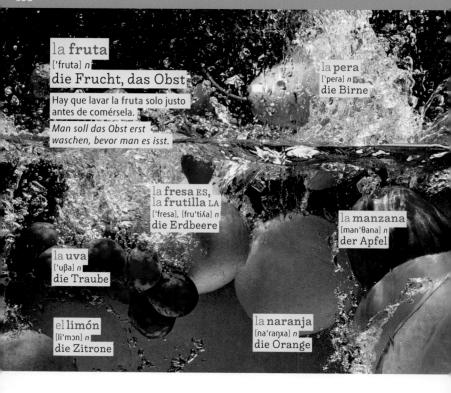

la fruta
['fruta] *n*
die Frucht, das Obst

Hay que lavar la fruta solo justo antes de comérsela.

Man soll das Obst erst waschen, bevor man es isst.

la pera
['pera] *n*
die Birne

la fresa ES,
la frutilla LA
['fresa], [fru'tiʎa] *n*
die Erdbeere

la manzana
[man'θana] *n*
der Apfel

la uva
['uβa] *n*
die Traube

el limón
[li'mɔn] *n*
die Zitrone

la naranja
[na'raŋxa] *n*
die Orange

el melocotón ES,
el durazno LA
[meloko'tɔn], [du'razno] *n*
der Pfirsich

El melocotón me recuerda a la piel de Helga hace 60 años.

Der Pfirsich erinnert mich an Helgas Haut von vor 60 Jahren.

la cereza
[θe'reθa] *n*
die Kirsche

Nada mejor que una cereza o una guinda para adornar un pastel.

Nichts besser als eine Kirsche oder eine Sauerkirsche, um einen Kuchen zu dekorieren.

el plátano
['platano] *n*
die Banane

Los plátanos los pelo sin problemas con las manos y los pies.

Bananen schäle ich locker mit Händen und Füßen.

la **carne**
['karne] *n*
das Fleisch

Ahora mismo te digo si todavía
se puede comer esta **carne**.

*Ich kann dir gleich sagen, ob
man das Fleisch noch essen kann.*

la **carne de cerdo**
['karne ðe 'θɛrðo] *n*
das Schweinefleisch

¿Carne de cerdo? Por favor,
cortar siguiendo las líneas.

*Schweinefleisch? Bitte entlang
der Linien ausschneiden.*

el **pollo**
['poʎo] *n*
das Hühnchen

Menos mal que no tenemos que
desplumar nosotros mismos
nuestro **pollo**.

*Gut, dass wir unser Hühnchen
nicht selber rupfen müssen.*

la **carne de vacuno**
['karne ðe βa'kuno] *n*
das Rindfleisch

Cuando la abuela prepara
carne de vacuno, me olvido
de la dieta de la Edad de
Piedra.

*Wenn Oma Rindfleisch
zubereitet, vergesse ich die
Steinzeit-Diät.*

la **carne de ternera**
['karne ðe tɛr'nera] *n*
das Kalbfleisch

el **tocino**
[to'θino] *n*
der Speck

el **salchichón**
[saltʃi'tʃɔn] *n*
die Salami

el **jamón**
[xa'mɔŋ] *n*
der Schinken

el **filete**
[fi'lete] *n*
das Steak

Marrón por fuera y rojo por dentro: ¡así me gusta a mí el **filete**!

*Außen braun und innen rot:
So mag ich mein Steak!*

la **salchicha**
[sal'tʃitʃa] *n*
die Wurst,
das Würstchen

Cada vez que compro **salchichas**
para la barbacoa, me paso un
poco.

*Immer wenn ich Würstchen
für die Grillparty kaufe,
übertreibe ich es ein bisschen.*

el **vinagre**
[bi'nayre] *n*
der Essig

Este vinagre madura durante más de doce años en barril.

Dieser Essig reift über zwölf Jahre im Fass.

el **aceite**
[a'θɛĩte] *n*
das Öl

Seguro que mi coche también funciona con aceite de ensalada.

Mein Auto fährt sicher auch mit Salatöl.

el **salmón**
[sal'mɔn] *n*
der Lachs

El salmón cometió un error fatal al calcular su salto.

Der Lachs hatte sich bei seinem Sprung katastrophal verschätzt.

la **gamba**
['gamba] *n*
die Garnele

La gamba es indiscutiblemente la señora del acuario.

Die Garnele ist die unangefochtene Herrin des Aquariums.

el **atún**
[a'tun] *n*
der Thunfisch

El triste final de lo que fue un orgulloso atún.

Das armselige Ende eines ehemals stolzen Thunfischs.

la **leche**
['letʃe] *n*
die Milch

Así es como mejor me sabe
la leche.

*So schmeckt mir die Milch
am besten.*

la **nata**
['nata] *n*
die Sahne

¡O es con nata de verdad o no
hay tarta!

*Entweder richtige Sahne oder
gar keine Torte!*

la **mantequilla**
[mante'kiʎa] *n*
die Butter

Mantequilla y sal: no necesito
ponerle nada más al pan.

*Butter und Salz – mehr brauch'
ich nicht aufs Brot.*

el **queso**
['keso] *n*
der Käse

El olor a queso solo molesta
al principio.

*Der Geruch nach Käse stört
einen nur am Anfang.*

el **huevo**
['ŭeβo] *n*
das Ei

Romper un **huevo**
correctamente es un arte.

*Ein Ei richtig aufzu-
schlagen ist eine Kunst.*

la **yema de huevo**
['jema ðe 'ŭeβo] *n*
das Eigelb

la **clara de huevo**
['klara ðe 'ŭeβo] *n*
das Eiweiß

la **sal**
[sal] *n*
das Salz

Aquí hay bastante sal para
el huevo del desayuno:
simplemente sírvete.

*Hier ist genug Salz für dein Früh-
stücksei: Bedien dich einfach.*

el caramelo
[kara'melo] n
das Bonbon

¡Por favor, para mí sólo caramelos de color rosa!

Bitte nur rosa Bonbons für mich!

el helado
[e'laðo] n
das Eis

A Lisa también le gustaría tener trocitos de colores en su helado.

Lisa hätte auch gern bunte Stückchen auf ihrem Eis.

la mermelada
[merme'laða] n
die Marmelade

¡Sírvase! Todas las mermeladas son caseras.

Greifen Sie zu! Alle Marmeladen sind hausgemacht.

el azúcar
[a'θukar] n
der Zucker

¿Siempre tienes que volcar el azúcar?

Musst du den Zucker immer umwerfen?

el chocolate
[tʃoko'late] n
die Schokolade

Chocolate en cascada: la última moda en todos los cumpleaños infantiles.

Schokolade in Kaskaden – der Hit auf jedem Kindergeburtstag.

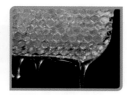

la miel
[mĩɛl] n
der Honig

No me gusta el azúcar, yo solo tomo miel totalmente fresca.

Ich mag keinen Zucker, ich nehme nur ganz frischen Honig!

la bebida
[be'βiða] n
das Getränk

Marina ya solo toma bebidas sin color.

Für Marina gibt es nur noch farblose Getränke.

el **vino**
['bino] *n*
der Wein

Para tener vino hay que estropear las uvas.

Wer Wein haben will, muss die Trauben kaputt machen.

> ¡Eh, quita las manos de mi cerveza!

la **cerveza**
[θɛr'βeθa] *n*
das Bier

He, Finger weg von meinem Bier!

el **alcohol**
[al'kɔl] *n*
der Alkohol

la **botella**
[bo'teʎa] *n*
die Flasche

Esta botella no da información sobre el producto...

Auf dieser Flasche stehen keine Angaben zum Produkt …

el **té**
[te] *n*
der Tee

Para esta forma de beber té tiene que tomarse su tiempo.

Für diese Art, Tee zu trinken, müssen Sie sich Zeit nehmen.

> *Im Spanischen wird sprachlich zwischen té – Tee und infusión oder tisana – Kräutertee unterschieden.*

el **café**
[ka'fe] *n*
der Kaffee

En los anuncios hacen las burbujitas del café con líquido lavavajillas.

In der Werbung machen sie die Bläschen auf dem Kaffee mit Spülmittel.

el **cubito de hielo**
[ku'βito ðe 'jelo] *n*
der Eiswürfel

Los cubitos de hielo son la variante baja en calorías del helado.

Eiswürfel sind die kalorienarme Variante von Eiscreme.

el **agua mineral**
['aɣŭa mine'ral] *n*
das Mineralwasser

No salgo de casa sin una botella de agua mineral.

Ohne eine Flasche Mineralwasser gehe ich nicht aus dem Haus.

el **restaurante**
[rrestaü'rante] *n*
das Restaurant

En un **restaurante** hay que
mantener la calidad aunque
haya muchos pedidos.

*Im Restaurant muss man
auch bei vielen Bestellungen
die Qualität halten.*

el **camarero**, la **camarera**
[kamaˈrero, kamaˈrera] *n*
der Kellner, die Kellnerin, der Ober

¡Perdone! ¡Camarero!
Halloooo! Herr Ober!

la **propina**
[proˈpina] *n*
das Trinkgeld

¿Esto es una propina?
Das soll ein Trinkgeld sein?

el **servicio**
[serˈβiθĭo] *n*
die Bedienung

la **carta**
[ˈkarta] *n*
die Speisekarte

No lo pone en la carta, pero me gustaría pedirle...

Es steht nicht auf der Speisekarte, aber dürfte ich Sie bitten ...

(tan) **solo**, **solamente**
[(tan) ˈsolo] , [solaˈmente] *adv*
nur

... solo tengo un poco de hambre.

... ich hab' ja auch nur wenig Hunger.

la **cuenta**
[ˈkŭenta] *n*
die Rechnung

Esta tiene que ser la cuenta de la mesa de al lado.

Das muss die Rechnung für den Nebentisch sein.

pagar
[paˈɣar] *v*
bezahlen

¡Ya le he pagado su trabajo, ahora desaparezca!

Ich habe Sie für Ihren Job bezahlt, jetzt verschwinden Sie!

el café
[ka'fe] *n*
das Café

Martha estaba contenta
de que Inge no montara
ninguna escena en el café.

*Martha war froh, dass
Inge ihr im Café keine
Szene machte.*

el postre
['pɔstre] *n*
der Nachtisch

Vamos a compartir el postre:
para ti la hojita de menta.

*Lass uns den Nachtisch teilen:
Du kriegst das Minzeblättchen.*

la pastelería
[pastele'ria] *n*
die Konditorei

¿Frustración con las compras? En
la pastelería siempre
encontrarás algo.

*Shopping-Frust? In der Kondi-
torei findest du immer etwas.*

el bar
[bar] *n*
die Bar,
die Kneipe

la heladería
[helade'ria] *n*
die Eisdiele,
das Eiscafé

la cafetería
[kafete'ria] *n*
die Cafeteria

el plato
['plato] *n*
der Gang,
das Gericht

el menú
[me'nu] *n*
das Menü

¡Dios mío, el menú está
compuesto de 19 platos!

*Oh Gott, das Menü besteht
aus 19 Gängen.*

la **especialidad**
[espeθĩali'ða(ð)] *n*
die Spezialität

Esta especialidad solo la consigo bajar con un chupito.

Diese Spezialität bekomme ich nur mit einem Schnaps runter.

la **sopa**
['sopa] *n*
die Suppe

Sopa para 40 personas: ¡una auténtica proeza!

Suppe für 40 Mann – das ist ein echter Kraftakt.

las **patatas fritas**
[pa'tatas 'fritas] *n*
die Pommes frites

¡Estos ingleses! Vinagre en vez de kétchup en las patatas fritas.

Diese Engländer: Essig statt Ketchup auf die Pommes frites.

el **tentempié**
[tentem'pïe] *n*
der Imbiss

la **hamburguesa**
[ambur'yesa] *n*
der Hamburger

el **bocadillo**
[boka'ðiʎo]*n*
das belegte Brötchen

el **sándwich**
['sangüitʃ] *n*
das Sandwich

la **tortilla**
[tɔr'tiʎa] *n*
das Omelett

Semifinal del campeonato mundial de preparación de tortillas.

Halbfinale bei der Weltmeisterschaft im Omelettzubereiten.

el **desayuno**
[desa'juno] *n*
das Frühstück

¿Me enseñas por fin tu colección de sellos después del **desayuno**?

Zeigst du mir nach dem Frühstück endlich deine Briefmarkensammlung?

reservar
[rreser'βar] *v*
reservieren

Con mucho gusto le **reservo** la suite Calígula.

Gerne reserviere ich Ihnen die Caligula-Suite.

el **almuerzo**, la **comida**
[al'mŭɛrθo], [ko'miða] *n*
das Mittagessen

Tanja disfruta el **almuerzo** con André.

Tanja genießt das gemeinsame Mittagessen mit André.

desayunar
[desaju'nar] *v*
frühstücken

almorzar, comer
[almɔr'θar], [ko'mɛr] *v*
zu Mittag essen

cenar
[θe'nar] *v*
zu Abend essen

poner la mesa
[po'nɛr la 'mesa] *phrase*
den Tisch decken

Cuando **pongo las mesas**, es casi como hacer meditación.

Wenn ich die Tische decke, ist das fast wie eine Meditation.

la **cena**
['θena] *n*
das Abendessen

Cariño, date prisa con la **cena**, la marea está subiendo.

Schatzi, beeil dich mit dem Abendessen, die Flut kommt.

lleno, llena
['ʎeno, 'ʎena] *adj*
voll

En cuanto la luna está **llena**, me crece el pelo y se me alargan los dientes.

Kaum wird der Mond voll, sprießen mir die Haare und wachsen mir die Zähne.

vacío, vacía
[ba'θio, ba'θia] *adj*
leer

Todas las mañanas tenemos que llevar las botellas **vacías**.

Jeden Morgen müssen wir die leeren Flaschen wegbringen.

sin
[sin] *prep*
ohne

Yo tomo el café **sin** azúcar...

Ich trinke meinen Kaffee ohne Zucker...

con
[kɔn] *prep*
mit

... aunque este mejor me lo tomo **con**.

... obwohl, bei diesem hier doch lieber mit.

¡Pasadlo bien!
[pa'saðloβien] *phrase*
Viel Spaß!

Yo me quedo mejor en casa.
¡Pasadlo bien!

Ich bleibe besser zu Hause.
Euch viel Spaß!

¡Qué buena idea salir con Heidi! Promete ser divertido...

divertido, divertida
[diβɛr'tiðo, diβɛr'tiða] *adj*
amüsant, lustig

salir
[sa'lir] *v*
ausgehen

War eine gute Idee, mit Heidi auszugehen. Das verspricht amüsant zu werden.

el **regalo**
[rrɛ'yalo] *n*
das Geschenk

¿Un regalo? ¿Para mí?
¡Gracias, abuela!

Ein Geschenk? Für mich?
Danke, Omi!

el **cumpleaños**
[kumple'aɲos] *n*
der Geburtstag

Es su **cumpleaños**, pero no puede alegrarse de verdad.

Sie hat Geburtstag, aber so richtig freuen kann sie sich nicht.

borracho, borracha
[bɔ'rratʃo, bɔ'rratʃa] *adj*
betrunken

Cuando terminó la fiesta de Helen, estábamos todos **borrachos**.

Am Ende von Helens Party waren wir alle betrunken.

felicitar
[feliθi'tar] *v*
gratulieren, beglückwünschen

Le **felicito** por su título de cante tirolés.

Ich darf Ihnen zu Ihrem Jodeldiplom gratulieren.

la **fiesta**
['fiesta] *n*
das Fest, die Party

Sin ser reconocida, la muerte se coló en la **fiesta** de Halloween de Anton.

Unerkannt schlich sich der Tod auf Antons Halloween-Party.

bailar
[baï'lar] v
tanzen

Hey Dolly, das ist das letzte Mal, dass der Typ mit dir tanzt …

Eh, Dolly, es la última vez que ese tío baila contigo…

disfrutar
[disfru'tar] v
genießen

Aquí puedo fumar y, además, lo puedo disfrutar.

Hier kann ich rauchen und darf es auch noch genießen.

fumar
[fu'mar] v
rauchen

divertirse
[diβɛr'tirse] v
sich amüsieren

el baile
['baïle] n
der Tanz

celebrar
[θele'βrar] v
feiern

ir a tomar algo
[ir a to'mar 'alɣo] phrase
einen trinken gehen

el **arte**
['arte] *n*
die Kunst

Hay cosas que solo el **arte**
puede transmitir.

*Es gibt Dinge, die nur
die Kunst vermitteln kann.*

la **pintura**
[pin'tura] *n*
das Gemälde, das Bild

Dime: ¿eso es una foto
o una pintura?

*Sag mal, ist das ein Foto
oder ein Gemälde?*

el **estudio**
[es'tuðĭo] *n*
das Atelier

El alquiler del **estudio** de Amelie
lo paga el tío Gustav.

*Die Miete für Amelies Atelier
bezahlt Onkel Gustav.*

dibujar
[diβu'xar] *v*
zeichnen

A Larry le gusta **dibujar** a su
amigo.

*Larry liebt es, seinen Freund
zu zeichnen.*

la **galería (de arte)**
[gale'ria (ðe 'arte)] *n*
die Galerie

La **galería** hizo ese día la mitad
del volumen anual.

*Die Galerie machte an diesem
Tag den halben Jahresumsatz.*

Así se hace
de una figura
antigua arte
moderno.

*So wird aus einer antiken
Figur moderne Kunst.*

**moderno,
moderna**
[mo'ðɛrno,
mo'ðɛrna] *adj*
modern

**antiguo,
antigua**
[an'tiɣŭo,
an'tiɣŭa] *adj*
antik, alt

el **cuadro**
['kŭaðro] *n*
das Bild

pintar
[pin'tar] *v*
malen

mostrar
[mɔs'trar] *v*
zeigen

la **obra**
['oβra] *n*
das Werk,
die Arbeit

el teatro
[te'atro] *n*
das Theater

No entiendo la mayoría del **teatro**, pero me gusta verlo.

Das Meiste im Theater verstehe ich nicht, aber ich gucke gerne zu.

el escenario
[esθe'narĩo] *n*
die Bühne

la película
[pe'likula] *n*
der Film

Se acabó Hollywood. Ahora voy a hacer mi propia **película**.

Schluss mit Hollywood. Ich mach' jetzt meinen eigenen Film.

el cine
['θine] *n*
das Kino

En el **cine** por lo menos come lo suficiente.

Im Kino isst sie wenigstens genug.

la obra de teatro
['oβɾa ðe te'atro] *n*
das (Theater)Stück

**el espectáculo,
la función**
[espɛk'takulo], [fun'θĩɔn] *n*
**die Vorstellung,
die Aufführung**

poner en escena
[po'nɛɾ en es'θena] *phrase*
inszenieren

el argumento
[aɾγu'mento] *n*
die Handlung

el **libro**
['liβro] *n*
das Buch

Tengo la sensación de que ese libro me cambió.

Ich hatte das Gefühl, dass das Buch mich veränderte.

leer
[le'ɛr] *v*
lesen

Solo el escáner puede leer aquí los precios.

Nur der Scanner kann hier die Preise lesen.

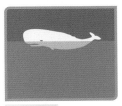

la **novela**
[no'βela] *n*
der Roman

¿Cómo se llama la novela esa de la ballena?

Wie hieß noch mal dieser Roman mit dem Wal?

la **biblioteca**
[biβlĭo'teka] *n*
die Bücherei,
die Bibliothek

A Jamie le prohibieron luego la entrada en la biblioteca.

Jamie bekam daraufhin Hausverbot in der Bücherei.

el **cuento**
['kŭento] *n*
das Märchen

Al rey le hubiera gustado vivir en un cuento.

Der König hätte am liebsten in einem Märchen gelebt.

el **lector,** la **lectora**
[lek'tɔr, lek'tora] *n*
der Leser,
die Leserin

el **título**
['titulo] *n*
der Titel

la **historia**
[is'torĭa] *n*
die Geschichte

el **relato**
[rre'lato] *n*
die Erzählung

Oye, los niños sí que tienen sensibilidad para la música.

la **música**
[ˈmusika] *n*
die Musik

Hey, die Kinder haben echt ein Gefühl für Musik.

la **voz**
[boθ] *n*
die Stimme

Es increíble lo que puede hacer con su **voz**.

Unglaublich, was sie mit ihrer Stimme vermag.

el **concierto**
[kɔnˈθi̯ɛrto] *n*
das Konzert

Fue el **concierto** más guay de su vida.

Das war das tollste Konzert seines Lebens.

la **ópera**
[ˈopera] *n*
die Oper

En esta **ópera** no entiendo la letra en absoluto.

In dieser Oper verstehe ich den Text überhaupt nicht.

cantar
[kan'tar] *v*
singen

Gudrun **cantó** el papel de Brunilda llena de pasión.

Gudrun sang die Brunhilde voll Inbrunst.

la minicadena
[minika'ðena] *n*
die Stereoanlage

¿Sabes todavía manejar **minicadenas**?

Kennst du dich noch mit so Stereoanlagen aus?

el altavoz
[alta'βɔθ] *n*
der Lautsprecher

Alguno de estos **altavoces** tendría que funcionar.

Einer dieser Lautsprecher müsste doch funktionieren.

la canción
[kan'θɪɔn] *n*
das Lied

Te he escrito una **canción**. ¿Vuelves conmigo?

Ich habe dir ein Lied geschrieben. Kommst du zu mir zurück?

ruidoso, ruidosa
[rrŭi'ðoso, rrŭi'ðosa] *adj*
laut

Me gusta mi despacho, pero a veces es un poco **ruidoso**.

Ich mag mein Büro, aber es ist manchmal ein bisschen laut.

bajo
['baxo] *adv*
leise

Cuando la jefa medita, todos tenemos que hablar **bajo**.

Wenn die Chefin meditiert, müssen wir alle leise sprechen.

la **guitarra**
[gi'tarra] *n*
die Gitarre

Nunca quiso ser agricultor,
lo que siempre quería era tocar
la guitarra.

*Nie wollte er Bauer werden, er
wollte immer nur Gitarre spielen.*

el **tambor**
[tam'bɔr] *n*
die Trommel

El tambor me está empezando
a poner de los nervios.

*Die Trommel geht mir langsam
auf die Nerven.*

la **batería**
[bate'ria] *n*
das Schlagzeug

Mi batería me pone el
pelo muy bonito.

*Mein Schlagzeug macht
mir die Haare schön.*

el **instrumento**
[instru'mento] *n*
das Instrument

Probablemente tendré
que aprender a tocar otro
instrumento.

*Ich muss wahrscheinlich noch
ein anderes Instrument lernen.*

el **piano**
[pi'ano] *n*
das Klavier

Cuando Walter toca
el piano, Waldi es
su crítico más duro.

*Wenn Walter Klavier
spielt, ist Waldi sein
schärfster Kritiker.*

la orquesta
[ɔr'kesta] *n*
das Orchester

La orquesta estaba buscando el ritmo.

Das Orchester war auf der Suche nach dem Rhythmus.

el bajo
['baxo] *n*
der Bass

el violín
[bĭo'lin] *n*
**die Geige,
die Violine**

tocar
[to'kar] *v*
spielen

la flauta
['flaŭta] *n*
die Flöte

agudo, aguda
[a'ɣuðo, a'ɣuða] *adj*
hoch

Al agudo trino del pechiazul…

Das hohe Zwitschern des Blaukehlchens …

grave
['graβe] *adj*
tief

… responde rápido el grave bramido del elefante marino.

… wird prompt mit tiefem Röhren des See-Elefanten beantwortet.

la **tienda**, el **comercio**

[ˈtĭenda], [koˈmɛrθĭo] *n*

das Geschäft, der Laden

Prefiero no saber el alquiler que pagan aquí las **tiendas**.

Ich möchte nicht wissen, was die Läden hier an Miete zahlen.

Hmm, las cosas que en esta **librería** consideran libro infantil...

el **mercado**
[merˈkaðo] *n*
der Markt

En este tipo de **mercado** se da todavía la economía real.

Auf dieser Art von Markt herrscht noch Realwirtschaft.

la **librería**
[liβreˈria] *n*
die Buchhandlung

Tss. Was man in dieser Buchhandlung so alles unter Kinderbüchern versteht ...

la **panadería**
[panaðeˈria] *n*
die Bäckerei

¡En mi **panadería** no hay pan integral! ¡Y basta!

In meiner Bäckerei gibt es kein Vollkornbrot! Basta!

los **grandes** almacenes
[ˈgrandes almaˈθenes] *n*
das Kaufhaus

Vaya, en estos **grandes almacenes**, los juguetes están muy arriba...

Die Spielsachen sind aber in diesem Kaufhaus ganz oben ...

el **supermercado**
[supermerˈkaðo] *n*
der Supermarkt

Estoy ahora mismo en el **supermercado**. ¿Necesitas algo?

Ich bin gerade im Supermarkt. Brauchst du was?

la **tienda de alimentación**
[ˈtienda ðe alimentaˈθïɔn] *n*
das Lebensmittel- geschäft

la **zapatería**
[θapateˈria] *n*
das Schuhgeschäft

la **tienda de ropa**
[ˈtïenda ðe ˈrɔpa] *n*
das Bekleidungs- geschäft

la bolsa (de la compra)
['bɔlsa (ðe la 'kɔmpra)] n
die Einkaufstasche

¿Qué llevas en la bolsa? – ¿En cuál?

Was hast du in deiner Einkaufstasche? – In welcher?

comprar
[kɔm'prar] v
kaufen

No, Lennart, los niños no se compran en el supermercado.

Nein, Lennart, man kauft Kinder doch nicht im Supermarkt.

cerrado, cerrada
[θɛ'rraðo, θɛ'rraða] adj
geschlossen

abierto, abierta
[a'βĩɛrto, a'βĩɛrta] adj
geöffnet, offen

¿Por qué esta ventana está más tiempo cerrada que abierta?

Warum ist dieses Fenster länger geschlossen als geöffnet?

vender
[ben'der] v
verkaufen

Muy discretamente, Christina vendió las joyas de su boda.

Ganz diskret verkaufte Christina ihren Hochzeitsschmuck.

la lista de la compra
['lista ðe la 'kɔmpra] n
der Einkaufszettel

La lista de la compra de Tanja es digital, porque así no se le pierde.

Tanjas Einkaufszettel ist digital, weil sie ihn so nicht verliert.

escoger
[esko'xɛr] v
aussuchen

Hay que escoger a los amigos con mucho cuidado.

Man muss sich seine Freunde sorgfältig aussuchen.

completo, completa
[kɔm'pleto, kɔm'pleta] adj
vollständig

¡Pequeño pero **completo**!

Klein, aber vollständig!

agotado, agotada
[aɣo'taðo, aɣo'taða] adj
ausverkauft

Contra todo pronóstico, el pan integral estaba agotado.

Das Vollkornbrot war wider Erwarten ausverkauft.

nuevo, nueva
['nŭeβo, 'nŭeβa] adj
neu

Mi nuevo coche. Pronto. Ya voy a empezar a ahorrar.

Mein neues Auto. Bald. Ich fange schon an zu sparen.

usado, usada
[u'saðo, u'saða] adj
gebraucht, Gebraucht-

¡Aquí hay incluso bombillas usadas!

Hier gibt's sogar gebrauchte Glühbirnen!

atender
[aten'dɛr] v
bedienen

la venta
['benta] n
der Verkauf

la compra
['kɔmpra] n
der Kauf

la oferta
[o'fɛrta] n
das Angebot

barato, barata
[ba'rato, ba'rata] *adj*
billig, günstig

Gracias a Dios, en Roma
encontramos un hotel
barato.

*In Rom hatten wir Gott sei Dank
ein billiges Hotel gefunden.*

la reclamación
[rrɛklama'θĩǝn] *n*
die Reklamation

Viktoria ya está otra vez con su
viejo juego de la **reclamación**.

*Viktoria zieht wieder ihr altes
Spiel mit der Reklamation ab.*

¿Tu operación
de nariz
también salió
tan cara?

caro, cara
['karo, 'kara] *adj*
teuer

*War deine Nasen-OP
auch so teuer?*

la cola
['kola] *n*
die (Warte)Schlange

Otra vez había una **cola**
muy larga para entrar
en el servicio de caballeros.

*An der Herrentoilette war
wieder mal eine lange Schlange.*

costar, valer
[kɔs'tar], [ba'lɛr] *v*
kosten

reclamar
[rrɛkla'mar] *v*
reklamieren

¿Qué cuesta…?
[ke 'kŭesta] *phrase*
Was kostet…?

el recibo
[rrɛ'θiβo] *n*
die Quittung,
der Beleg

gastar(se)
[gas'tar(se)] *v*
ausgeben

¿De verdad quiere **gastar** todas las pepitas de oro en jabón?

Wollen Sie wirklich alle Gold-Nuggets für Seife ausgeben?

el precio
['preθĩo] *n*
der Preis

Espera a que granice, entonces bajará el **precio**.

Warte bis es hagelt, dann sinkt der Preis.

cambiar
[kam'bĩar] *v*
umtauschen

Me gustaría **cambiar** estos euros. No me gusta el color.

Ich möchte diese Euros umtauschen – die Farbe gefällt mir nicht.

la caja
['kaxa] *n*
die Kasse

Estimados clientes, la **caja** 17 va a cerrar. Por favor, no coloquen nada más.

Verehrte Kunden, Kasse 17 schließt. Bitte nichts mehr auflegen.

el **deporte**
[de'pɔrte] *n*
der Sport

El **deporte** es toda mi vida.
Sport ist mein ganzes Leben.

entrenar
[entreˈnar] v
trainieren

Oleg está **entrenando** para su papel en Rocky VIII.

Oleg trainiert für seine Rolle in Rocky VIII.

correr
[koˈrrɛr] v
rennen, laufen

Corre más rápido, el cura está ganando terreno.

Lauf schneller, der Pfarrer holt auf.

la carrera
[kaˈrrɛra] n
das Rennen

En las **carreras**, Alina siempre deja atrás a todos los demás.

Alina hängt bei jedem Rennen alle anderen ab.

casi
[ˈkasi] adv
fast, beinahe

Casi llego segundo.

Beinahe wäre ich Zweiter geworden.

el jugador, la jugadora
[xuyaˈðor, xuyaˈðora] n
der Spieler, die Spielerin

Contra **jugadores** de carne y hueso se me da mejor.

Gegen Spieler aus Fleisch und Blut tue ich mich leichter.

el **partido**
[par'tiðo] *n*
das Spiel

El **partido** contra las chicas amenazaba con convertirse en algo personal.

Das Spiel gegen die Mädels drohte persönlich zu werden.

saltar
[sal'tar] *v*
springen

Cuando Willi **salta**, parece como si pudiera volar.

Wenn Willi springt, sieht es so aus, als könne er fliegen.

Für einen großen Ball sagt man balón. Kleinere Bälle, die in die Hand passen, wie beim Tennis und Tischtennis, nennt man pelota. Dieser Unterschied wird immer gemacht.

montar a **caballo**
[mɔn'tar a ka'βaʎo] *phrase*
reiten

Alexander le da mucha importancia a elegir la ropa adecuada cuando **monta a caballo**.

Alexander achtet sehr auf die passende Kleidung, wenn er reitet.

la **pelota**, el **balón**
[pe'lota], [ba'lɔn] *n*
der Ball

Dirk hace con el **balón** lo que quiere.

Dirk macht mit dem Ball, was er will.

coger, pillar
[kɔ'xɛr], [pi'ʎar] *v*
fangen

El león tenía una técnica sorprendente para **pillar** a sus presas.

Der Löwe hatte eine überraschende Technik, um seine Beute zu fangen.

la **excursión (a pie)**
[e(y)skur'sĭɔn (a pĭe)] *n*
die Wanderung

Ahora me alegro de haber venido a la **excursión**.

Ich bin jetzt doch froh, dass ich bei der Wanderung dabei bin.

lento, lenta
['lento, 'lenta] *adj*
langsam

Yo no soy demasiado **lento**. Vosotros sois demasiado impacientes.

Ich bin nicht zu langsam. Ihr seid zu ungeduldig.

rápido, rápida
['rrapiðo, 'rrapiða] *adj*
schnell

¿La forma más **rápida** de llegar a Venecia, por favor?

Die schnellste Art, nach Venedig zu kommen, bitte?

lanzar
[lan'θar] *v*
werfen

¡Hendrik **lanza** su octavo gol!

Hendrik wirft sein achtes Tor!

el **fútbol**
['fuðβɔl] *n*
der Fußball

El fútbol también es bonito desde fuera del campo.

Fußball ist auch vom Spielfeldrand aus ganz schön.

el **adversario**, la **adversaria**
[aðβɛr'sarĭo, aðβɛr'sarĭa] *n*
der Gegner, die Gegnerin

el **gol**
[gol] *n*
das Tor

tirar
[ti'rar] *v*
schießen, werfen

la **competición**
[kɔmpeti'θĭɔn] *n*
der Wettkampf

nadar
[na'ðar] *v*
schwimmen

Me encantaría saber **nadar** mejor.

Ich würde so gern besser schwimmen können.

la **piscina**
[pis'θina] *n*
das Schwimmbad

En realidad está prohibido meter perros en la **piscina**.

Hunde sind im Schwimmbad eigentlich verboten.

la salida
[sa'liða] *n*
der Start

Ya a la **salida** perdió dos segundos.

Er verlor schon beim Start zwei Sekunden.

el ganador,
la ganadora
[gana'ðɔr, gana'ðora] *n*
der Sieger,
die Siegerin

El **ganador** se llevará un servicio de café de 24 piezas.

Der Sieger bekommt ein 24-teiliges Kaffeeservice.

la meta
['meta] *n*
das Ziel

Con sus últimas fuerzas, Andreas llegó a la **meta**.

Mit letzter Kraft erreichte Andreas das Ziel.

el perdedor,
la perdedora
[pɛrðe'ðɔr, pɛrðe'ðora] *n*
der Verlierer,
die Verliererin

Haceos a la idea: sois los **perdedores**.

Findet euch damit ab: Ihr seid die Verlierer.

famoso, famosa
[fa'moso, fa'mosa] *adj*
berühmt

Esta nariz es **famosa** desde hace más de 3000 años.

Diese Nase ist seit über 3000 Jahren berühmt.

la victoria
[bik'toria] *n*
der Sieg

ganar
[ga'nar] *v*
gewinnen

la derrota
[de'rrɔta] *n*
die Niederlage

perder
[pɛr'ðɛr] *v*
verlieren

Qué pena que solo se pueda **fotografiar** desde fuera del campo.

fotografiar
[fotoɣra'fiar] *v*
fotografieren

Schade, dass man nur vom Spielfeldrand aus fotografieren darf.

el **tiempo libre**
[tiempo libre] *n*
die Freizeit

Déjame: en mi **tiempo libre** puedo hacer lo que quiera.

Lass mich – ich kann in meiner Freizeit machen, was ich will.

el **flash**
[flaʃ] *n*
der Blitz

Me encanta cuando centellean los **flashes** a mi alrededor.

Ich liebe es, wenn die Blitze um mich herum aufleuchten.

la **cámara** (de fotos)
['kamara (ðe 'fotɔs)] *n*
der Fotoapparat

Con mi **cámara de fotos** también puedo hacer llamadas.

Mein Fotoapparat kann auch telefonieren.

el **motivo**
[mo'tiβo] *n*
das Motiv

He encontrado un **motivo** verdaderamente único.

Ich hab' ein wirklich einzigartiges Motiv gefunden.

el **dado**
['daðo] *n*
der Würfel

Buenos días, quería un **dado** trucado, por favor.

Guten Tag, ich hätte gern einen gezinkten Würfel, bitte.

el **juego**
['xŭeɣo] *n*
das Spiel

No me imaginaba que un **juego** así os divertiría...

Hätte ich nicht gedacht, dass ihr an so einem Spiel Spaß habt...

la **suerte**
['sŭɛrte] *n*
das Glück

La **suerte** no abandonó a Hannes tampoco esta vez.

Das Glück ließ Hannes auch diesmal nicht im Stich.

jugar
[xu'ɣar] *v*
spielen

Cuando Lara **juega** con su gato, le gusta ser un poco mala.

Wenn Lara mit ihrer Katze spielt, ist sie gern ein bisschen gemein.

la **mala suerte**
['mala 'sŭɛrte] *n*
das Pech

Eso ha sido **mala suerte**. Inténtalo otra vez.

Das war aber jetzt Pech. Probier's einfach noch mal.

el **paseo**
[pa'seo] *n*
der Spaziergang

Emma se encuentra con gente simpática cada vez que va a dar un **paseo**.

Emma trifft immer nette Leute, wenn sie einen Spaziergang macht.

pescar
[pes'kar] *v*
angeln

Para **pescar** hay que saber quedarse quieto, Patrick.

Wer angeln will, muss stillhalten können, Patrick.

hacer manualidades
[a'θer manŭali'ðaðes] *phrase*
basteln

A Anna-Marie le encanta **hacer manualidades**.

Anna-Marie bastelt sehr gerne.

la **herramienta**
[ɛrra'mĭenta] *n*
das Werkzeug

En el uso de **herramientas** se ve la inteligencia.

Im Gebrauch von Werkzeug zeigt sich die Intelligenz.

la **navaja**
[na'βaxa] *n*
das Taschenmesser

Estaba muy orgulloso: su **navaja** tenía 27 herramientas.

Er war so stolz: Sein Taschenmesser hatte 27 Werkzeuge.

el **mundo**

['mundo] *n*
die Welt

Mi vuelta al **mundo** terminó a
las dos semanas: ¡me quería
quedar aquí!

*Meine Reise um die Welt war
schon nach zwei Wochen
beendet – hier wollte ich bleiben!*

DIE GROSSE WELT

el **viaje**
[bi'axe] *n*
die Reise

En nuestro **viaje**, el lujo
siempre era importante
para nosotros.

*Luxus war uns auf unserer
Reise immer wichtig.*

la **agencia de viajes**
[a'xenθïa ðe βi'axes] *n*
das Reisebüro

Lo siento, nuestra **agencia de viajes** está especializada en recorridos por Siberia.

Tut mir leid, unser Reisebüro ist auf Sibirien-Touren spezialisiert.

el **mapa**
['mapa] *n*
die Landkarte

¡Qué maravilla! Solo hay que tocar el **mapa** y ya está.

Ein Wunder: man berührt nur die Landkarte und schon geht's los!

las **vacaciones**
[baka'θïones] *n*
der Urlaub,
die Ferien

¡Yo! ¡necesito! ¡**vacaciones**!

Ich! brauche! Urlaub!

el/la **turista**
[tu'rista] *n*
der Tourist,
die Touristin

Solo pueden ser **turistas**.

Das können nur Touristen sein.

Si reservas ese viaje, yo lo anularé inmediatamente.

anular
[anu'lar] *v*
stornieren

Wenn du diese Reise buchst, storniere ich sie sofort wieder.

reservar
[rreser'βar] *v*
buchen

la **maleta** ES,
la **valija** LA
[ma'leta], [ba'lixa] *n*
der Koffer

Mi hermano viaja gratis dentro de esta **maleta**.

In dem Koffer fährt mein Bruder umsonst mit.

hacer la(s) maleta(s)
[a'θer la(z) ma'leta(s)] *phrase*
packen

Cada vez que **hago la maleta**, falta un calcetín.

Immer, wenn ich den Koffer packe, fehlt eine Socke.

viajar
[bïa'xar] *v*
reisen

el **turismo**
[tu'rizmo] *n*
der Tourismus

**turístico,
turística**
[tu'ristiko, tu'ristika] *adj*
touristisch,
Touristen-

el **equipaje**
[eki'paxe] *n*
das Gepäck

el **pasaporte**
[pasa'pɔrte] *n*
der Reisepass

Hmm... ¿cuál es el pasaporte
adecuado para mi próxima misión?

*Hm, welcher Pass passt für
meine nächste Mission?*

válido, válida
['baliðo, 'baliða] *adj*
gültig

el **hotel**
[o'tɛl] *n*
das Hotel

Con nivel: cuando vengo al **hotel**
siempre me permito pedir el
servicio de habitaciones.

*Schick: Hier im Hotel leiste ich
mir immer den Zimmerservice.*

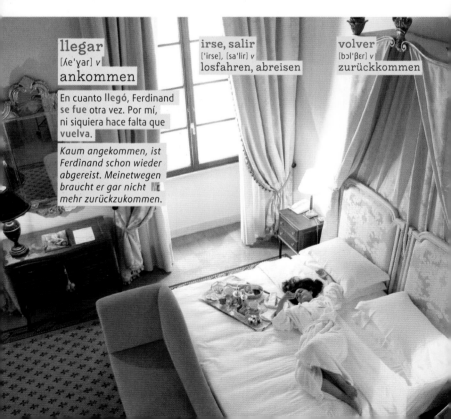

llegar
[ʎe'ɣar] *v*
ankommen

En cuanto llegó, Ferdinand
se fue otra vez. Por mí,
ni siquiera hace falta que
vuelva.

*Kaum angekommen, ist
Ferdinand schon wieder
abgereist. Meinetwegen
braucht er gar nicht
mehr zurückzukommen.*

irse, salir
['irse], [sa'lir] *v*
losfahren, abreisen

volver
[bɔl'βɛr] *v*
zurückkommen

el **camping**
['kampiŋ] *n*
der Campingplatz

la **habitación doble**
[aβita'θĭɔn 'doβle] *n*
das Doppelzimmer

la **habitación individual**
[aβita'θĭɔn indiβi'ðŭal] *n*
das Einzelzimmer

la **tienda (de campaña)**
['tĭenda (ðe kam'paɲa)] *n*
das Zelt

¡Idiota! ¿Has dejado la miel en la tienda de campaña?

Hast du Idiot etwa den Honig im Zelt gelassen?

el **saco (de dormir)**
['sako (ðe ðɔr'mir)] *n*
der Schlafsack

completo, completa
[kɔm'pleto, kɔm'pleta] *adj*
ausgebucht

Todos los hoteles están completos.

Alle Hotels sind ausgebucht.

el **albergue (juvenil)**
[al'βɛrɣe (xuβe'nil)] *n*
die Jugendherberge

Al Señor Conde no le habría gustado la idea de tener un albergue juvenil en su castillo.

Eine Jugendherberge in seinem Schloss hätte dem Herrn Grafen gar nicht gefallen.

la **recepción**
[rrɛθɛp'θĭɔn] *n*
die Rezeption

Antes de desaparecer, dejó en la recepción un mensaje para ella.

Bevor er verschwand, hinterließ er ihr noch eine Nachricht an der Rezeption.

visitar
[bisi'tar] *v*
besichtigen

Queríamos visitar el palacio…
pero era demasiado tarde.

*Wir wollten noch das Schloss
besichtigen – aber zu spät.*

la **visita guiada**
[bi'sita gi'aða] *n*
die Führung

La visita guiada terminó
en un tiempo récord, y luego
por fin tomamos café.

*Die Führung war in Rekordzeit
beendet, danach gab's endlich Kaffee.*

guiar
[gi'ar] *v*
führen

la **mezquita**
[meθ'kita] *n*
die Moschee

La Hagia Sophia se transformó
en mezquita después de 1453…

*Die Hagia Sophia wurde nach
1453 zur Moschee umgebaut…*

la **sinagoga**
[sina'yoya] *n*
die Synagoge

… la Sinagoga de Jerusalén, en
Praga, se terminó en 1906…

*… die Jerusalem-Synagoge in
Prag wurde 1906 vollendet…*

la **iglesia**
[i'ylesia] *n*
die Kirche

… la iglesia de Ronchamp se
inauguró en 1955…

*… die Kirche von Ronchamp
wurde 1955 eingeweiht…*

el **museo**
[mu'seo] *n*
das Museum

¿Eso es un museo o es ya
arte en sí?

*Ist das noch ein Museum
oder selbst schon Kunst?*

la **catedral**
[kate'ðral] *n*
**der Dom,
die Kathedrale**

… en la catedral de Colonia
todavía están los andamios
puestos.

*… am Kölner Dom hängen
immer noch die Gerüste.*

la excursión
[e(y)skur'sĩɔn] *n*
der Ausflug

La excursión fue solo al parque,
¡pero estuvo genial!

*Der Ausflug ging nur in den
Stadtpark, war aber super!*

la torre
['tɔrɾɛ] *n*
der Turm

La torre inclinada se ha acabado
cayendo.

*Jetzt ist der schiefe Turm doch
noch umgekippt.*

el palacio
[pa'laθĩo] *n*
der Palast

¿Aquí vives tú, Felipe?
¡Pero esto es un palacio!

*Hier wohnst du, Felipe?
Das ist ja ein Palast!*

el castillo
[kas'tiʎo] *n*
die Burg

En este castillo, ya hace 500 años,
los habitantes de las Highlands
se morían de frío.

*Auf dieser Burg hat vor 500 Jahren
schon der Highlander gefroren.*

la **Islandia**
[iz'landĭa] *n*
Island

el **Canadá**
[kana'ða] *n*
Kanada

la **AMÉRICA DEL NORTE**
[a'merika ðɛl 'nɔrte] *n*
NORDAMERIKA

los **Estados Unidos**
[es'taðɔs u'niðɔs] *n*
die Vereinigten Staaten,
die USA

la **EUROPA**
[eŭ'ropa] *n*
EUROPA

el **México**
['mexiko] *n*
Mexiko

el **Marruecos**
[ma'rrŭekos] *n*
Marokko

la **AMÉRICA DEL SUR**
[a'merika ðɛl sur] *n*
SÜDAMERIKA

el **Brasil**
[bra'sil] *n*
Brasilien

el **Chile**
['tʃile] *n*
Chile

la **Argentina**
[arxen'tina] *n*
Argentinien

el **ASIA**
['asĭa] *n f*
ASIEN

la **China**
['tʃina] *n*
China

el **Japón**
[xa'pɔn] *n*
Japan

el **Egipto**
[ε'xipto] *n*
Ägypten

la **Arabia**
[a'raβĭa] *n*
Arabien

la **India**
['indĭa] *n*
Indien

las **Filipinas**
[fili'pinas] *n*
die Philippinen

la **Kenia**
['kenĭa] *n*
Kenia

el **ÁFRICA**
['afrika] *n f*
AFRIKA

la **Indonesia**
[indo'nesĭa] *n*
Indonesien

la **AUSTRALIA**
[aŭs'tralĭa] *n*
AUSTRALIEN

el **África del Sur**
['afrika ðεl sur] *n f*
Südafrika

la **Nueva
Zelanda**
['nŭeβa
θe'landa] *n*
Neuseeland

el Norte
['nɔʀte] *n*
Norden

el Oeste
[o'este] *n*
Westen

el Este
['este] *n*
Osten

el Sur
[sur] *n*
Süden

la Suecia
['sŭeθĭa] *n*
Schweden

la Noruega
[no'rŭeɣa] *n*
Norwegen

1) **la Eslovaquia**
[ezlo'βakĭa] *n*
Slowakei

2) **la Hungría**
[uŋ'gria] *n*
Ungarn

3) **la Eslovenia**
[ezlo'βenĭa] *n*
Slowenien

4) **la Serbia**
['sɛrβĭa] *n*
Serbien

5) **la Bosnia-Herzegovina**
['bɔznĭa-ɛrθeɣo'βina] *n*
Bosnien-Herzegowina

6) **la Macedonia del Norte**
[maθe'ðonja del 'norte] *n*
Nordmazedonien

7) **la Albania**
[al'βanĭa] *n*
Albanien

8) **la Lituania**
[li'tŭanĭa] *n*
Litauen

9) **la Moldavia**
[mɔl'ðaβĭa] *n*
Moldawien

la Gran Bretaña
[gram bre'taɲa] *n*
Großbritannien

la Dinamarca
[dina'marka] *n*
Dänemark

la Irlanda
[ir'landa] *n*
Irland

los Países Bajos
[pa'isez 'βaxɔs] *n*
Niederlande

la Alemania
[ale'manĭa] *n*
Deutschland

la Polonia
[po'lonĭa] *n*
Polen

la Bélgica
['bɛlxika] *n*
Belgien

la Chequia
['tʃekĭa] *n*
Tschechien

1

el Austria
['aŭstrĭa] *n f*
Österreich

2

la Francia
['franθĭa] *n*
Frankreich

la Suiza
['sŭiθa] *n*
Schweiz

3

la Croatia
[kro'aθĭa] *n*
Kroatien

4

5

la España
[es'paɲa] *n*
Spanien

la Italia
[i'talĭa] *n*
Italien

6

la Portugal
[pɔrtu'ɣal] *n*
Portugal

7

la **Finlandia**
[fin'landĭa] *n*
Finnland

la **Estonia**
[es'tonĭa] *n*
Estland

la **Russia**
['rrusĭa] *n*
Russland

la **Letonia**
[le'tonĭa] *n*
Lettland

8

la **Bielorussia**
[bĭelo'rrusĭa] *n*
Weißrussland

la **Ucraina**
[u'kranĭa] *n*
Ukraine

9

la **Rumania**
[rru'manĭa] *n*
Rumänien

la **Bulgaria**
[bul'garĭa] *n*
Bulgarien

la **Turquía**
[tur'kia] *n*
Türkei

la **Grecia**
['greθĭa] *n*
Griechenland

inglés, inglesa
[iŋ'gles, iŋ'glesa] *adj*
englisch

Desayuno inglés: beicon, huevos, alubias.

Englisches Frühstück: Speck, Eier, Bohnen.

francés, francesa
[fran'θes, fran'θesa] *adj*
französisch

Desayuno francés: café, cruasán.

Französisches Frühstück: Kaffee, Croissant.

alemán, alemana
[ale'man, ale'mana] *adj*
deutsch

Desayuno alemán: café, pan, mantequilla, mermelada.

Deutsches Frühstück: Kaffee, Brötchen, Butter, Marmelade.

español, española
[espa'ɲol, espa'ɲola] *adj*
spanisch

Desayuno español: churros, chocolate.

Spanisches Frühstück: Churros, Trinkschokolade.

sueco, sueca
['sŭeko, 'sŭeka] *adj*
schwedisch

irlandés, irlandesa
[irlan'des, irlan'desa] *adj*
irisch

holandés, holandesa
[olan'des, olan'desa] *adj*
holländisch

belga
['belɣa] *adj*
belgisch

italiano, italiana
[ita'lĭano, ita'lĭana] *adj*
italienisch

portugués, portuguesa
[pɔrtu'ɣes, pɔrtu'ɣesa] *adj*
portugiesisch

griego, griega
['grĭeɣo, 'grĭeɣa] *adj*
griechisch

ruso, rusa
['rruso, 'rrusa] *adj*
russisch

suizo, suiza
['sŭiθo, 'sŭiθa] *adj*
schweizerisch

polaco, polaca
[po'lako, po'laka] *adj*
polnisch

el **tráfico**

['trafiko] *n*

der Verkehr

El mayor peligro para el **tráfico** son los coches que van más rápido que el pensamiento de su conductor.

Die größte Gefahr im Verkehr sind Autos, die schneller fahren, als ihr Fahrer denken kann.

el **coche** ES,
el **auto**, el **carro** LA
['kotʃe], ['aŭto], ['karro] *n*
das Auto, der Wagen

¿Qué pasa? Decías que
querías de regalo un coche
al cumplir los 18 años.

Was denn? Du wolltest doch ein
Auto zum 18. Geburtstag.

la **moto**
['moto] *n*
das Motorrad

Cuando oí "moto" tuve miedo
de que pudieras ser un rockero.

Als ich „Motorrad" hörte,
hatte ich schon Angst, du
wärst ein Rocker.

el **taxi**
['ta(ɣ)si] *n*
das Taxi

¿Taxi, señor? Solo tendría que
ayudar a empujar un poco.

Taxi, Señor? Sie müssten nur
etwas schieben helfen.

la **bicicleta**, la **bici**
[biθi'kleta], ['biθi] *n*
das Fahrrad

Cuando llego yo con mi
bicicleta, la gente se echa
rápidamente a un lado.

Komm' ich mit meinem Fahrrad,
springen die Leute zur Seite.

el **recorrido**
[rrɛkɔ'rriðo] *n*
die Strecke

El recorrido que va bordeando
al río es más largo, pero es más
bonito.

Die Strecke am Fluss entlang ist
länger, dafür die schönere.

¡Esto es el
carné de una
biblioteca, señor,
no el permiso
de conducir!

el **conductor**,
la **conductora**
[kɔnduk'tɔr,
kɔnduk'tora] *n*
**der Fahrer,
die Fahrerin**

el **permiso**
de **conducir**
[pɛr'miso ðe kɔndu'θir] *n*
der Führerschein

Das ist ein Bibliotheksausweis,
mein Herr, kein Führerschein!

conducir ES,
manejar LA
[kɔndu'θir],
[manɛ'xar] *v*
fahren

la gasolinera ES, la bomba LA
[gasoli'nera], ['bɔmba] *n*
die Tankstelle

Apenas vende gasolina en la gasolinera, pero los equipos cinematográficos hacen cola.

Benzin verkauft er kaum an der Tankstelle, aber die Filmteams stehen Schlange.

la gasolina
[gaso'lina] *n*
das Benzin

el gasóleo, el diésel
[ga'soleo], ['dïesɛl] *n*
der Diesel

la calle
['kaʎe] *n*
die Straße

Las calles son las arterias vitales de la ciudad… con riesgo de infarto.

Die Straßen sind die Lebensadern der Stadt – mit Infarktrisiko.

la autopista
[aŭto'pista] *n*
die Autobahn

Es poco frecuente que la autopista esté tan maravillosamente vacía.

So herrlich leer ist die Autobahn nur selten.

dar la vuelta
[dar la 'βŭelta] *phrase*
wenden

¿Quién era el que quería **dar la vuelta** a toda costa?

Wer wollte denn unbedingt wenden?

el cruce
['kruθe] *n*
die Kreuzung

Si la hélice se queda parada ahora mismo, caemos directamente en el cruce.

Wenn der Propeller jetzt aussetzt, stürzen wir direkt auf die Kreuzung.

la carretera
[karre'tera] *n*
die (Land)Straße

Por razones de seguridad habría que talar los árboles que hay junto a esta carretera.

Aus Gründen der Sicherheit sollten die Bäume an dieser Straße gefällt werden.

el **neumático**
[neŭ'matiko] *n*
der Reifen

¿No hay que ponerle el parche al neumático antes de llenarlo?

Muss man den Reifen vor dem Aufpumpen nicht erst flicken?

el **aparcamiento**,
el **parking**,
[aparka'mïento], ['parkin] *n*
der Parkplatz

aparcar
[apar'kar] *v*
parken

En todo el aparcamiento no quedaba ni un sitio libre.

Auf dem ganzen Parkplatz war kein einziger Platz mehr frei.

el **semáforo**
[se'maforo] *n*
die Ampel

Casi no veo el semáforo.

Fast hätte ich die Ampel übersehen.

parar
[pa'rar] *v*
(an)halten

consumir
[kɔnsu'mir] *v*
verbrauchen

Papi me lo ha regalado, ni idea de cuánto consume.

Daddy hat ihn mir geschenkt, keine Ahnung, was er verbraucht.

la **acera** ES,
la **vereda** LA
[a'θera], [be'reða] *n*
der Gehweg

Tu deliciosa forma de andar embellece hasta la acera más aburrida.

Dein holder Gang veredelt selbst den langweiligsten Gehweg.

el **puente**
['pŭente] *n*
die Brücke

La verdad es que sin el **puente** era más rápido.
Ohne die Brücke ging es tatsächlich schneller.

el **ferrocarril**
[fɛrɔka'rril] *n*
die Eisenbahn

Así comenzó la carrera de mi padre en los **ferrocarriles**.
So begann die Karriere meines Vaters bei der Eisenbahn.

el **billete** ES,
el **boleto** LA
[bi'ʎete], [bo'leto] *n*
die Fahrkarte

Su colección de **billetes** antiguos tiene hoy muchísimo valor.
Seine Sammlung alter Fahrkarten ist heute richtig was wert.

perder
[pɛr'ðɛr] *v*
verpassen

¡Maldita sea! He **perdido** el tren… y el próximo pasa en tres días.
Verdammt! Zug verpasst … der nächste fährt in drei Tagen.

el **horario**
[o'rarĭo] *n*
der Fahrplan

¿Estás leyendo el **horario**? ¿No tienes la aplicación?
Du liest den Fahrplan? Hast du keine App?

la **llegada**
[ʎe'ɣaða] *n*
die Ankunft

Justo así me había imaginado mi **llegada**.
Genau so habe ich mir meine Ankunft vorgestellt.

la **salida**
[sa'liða] *n*
die Abfahrt

La **salida** del tren se retrasará unos minutos.
Die Abfahrt des Zuges verzögert sich um wenige Minuten.

la estación (de trenes)
[esta'θĭɔn (de 'trenes)] *n*
der Bahnhof

Verehrte Fahrgäste. Wegen Umbauarbeiten wird dieser Bahnhof gesperrt. Der letzte Zug fährt von Gleis 13. Die Klimaanlage im Zug ist leider ausgefallen. Wir danken Ihnen für Ihr Verständnis.

Estimados pasajeros: esta estación va a cerrarse por obras. El último tren saldrá del andén 13. Lamentablemente, el aire acondicionado del tren se ha estropeado. Gracias por su comprensión.

el tren
[tren] *n*
der Zug

el andén
[an'den] *n*
der Bahnsteig, das Gleis

el asiento
[a'sĭento] *n*
der (Sitz)Platz

Entra, querido, se ha quedado un asiento libre.

Komm rein, Liebling, es ist ein Platz frei geworden.

directo, directa
[di'rɛkto, di'rɛkta] *adj*
direkt, durchgehend

Tengo conexión directa hasta el mar.

Ich habe eine direkte Verbindung bis ans Meer.

la correspondencia
[kɔrrɛspɔn'denθĭa] *n*
der Anschluss

hacer transbordo
[a'θɛr tranz'βɔrðo] *phrase*
umsteigen

el compartimento
[kɔmparti'mento] *n*
das Abteil

el revisor, la revisora
[rrɛβi'sɔr, rrɛβi'sora] *n*
der Schaffner, die Schaffnerin

la parada
[pa'raða] *n*
die Haltestelle

Menos mal que esta parada es
resistente a la intemperie.

*Wie gut, dass diese Haltestelle
wetterfest ist.*

el autobús
[aŭto'βus] *n*
der Bus

En el techo del autobús, el aire
era mucho mejor.

*Auf dem Dach des Busses war
die Luft deutlich besser.*

el tranvía
[tram'bia] *n*
die Straßenbahn

En Hong Kong, los tranvías
son de dos pisos.

*In Hongkong sind die Straßen-
bahnen doppelstöckig.*

el metro
['metro] *n*
die U-Bahn

Me alegro mucho de que
el metro no siempre vaya
bajo tierra.

*Ich bin ganz froh, dass
die U-Bahn nicht immer
im Untergrund fährt.*

el abono
[a'βono] *n*
die Zeitkarte

la compañía aérea
[kompa'ɲia a'erea] *n*
die Flug-
gesellschaft

el horario de vuelos
[o'rarĩo ðe 'βŭelɔs] *n*
der Flugplan

el **aeropuerto**
[aero'pŭerto] *n*
der Flughafen

En el aeropuerto no se pueden
dejar maletas por ahí, han dicho
por megafonía.

*Am Flughafen darf man keinen
Koffer rumstehen lassen, haben
sie durchgesagt.*

aterrizar
[aterri'θar] *v*
landen

Por favor, para aplaudir
esperen a que el avión haya
aterrizado.

*Bitte warten Sie mit dem
Applaus, bis die Maschine
gelandet ist.*

el **avión**
[a'βĭɔn] *n*
das Flugzeug

En el avión, al piloto le
encanta ponerse a jugar con
todos los botoncitos.

*Im Flugzeug spielt der Pilot
am liebsten an den
vielen Knöpfchen herum.*

el **vuelo**
['bŭelo] *n*
der Flug

¡Qué típico! Solo mi vuelo tiene
otra vez retraso.

*Typisch! Nur mein Flug hat mal
wieder Verspätung.*

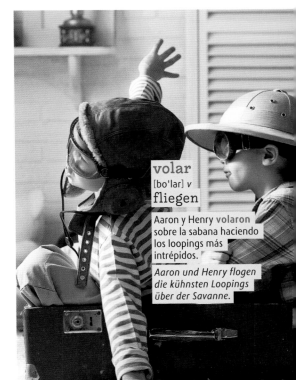

despegar
[despe'ɣar] *v*
(durch)starten

Su grupo despegó como un
cohete.

*Ihre Band startete wie eine
Rakete.*

volar
[bo'lar] *v*
fliegen

Aaron y Henry volaron
sobre la sabana haciendo
los loopings más
intrépidos.

*Aaron und Henry flogen
die kühnsten Loopings
über der Savanne.*

el barco
['barko] *n*
das Schiff

Este barco es
insumergible.

*Dieses Schiff ist
unsinkbar.*

hundirse
[un'dirse] *v*
sinken

la barca
['barka] *n*
das Boot

En su barca se sentía como en
Miami Vice.

*In seinem Boot fühlte er sich
wie bei Miami Vice.*

el puerto
['pu̯ɛrto] *n*
der Hafen

**el ferry,
el transbordador**
['fɛrri], [tra(n)zβɔrða'ðɔr] *n*
die Fähre

No me fío del puente,
mejor tomo el ferry.

*Der Brücke traue ich nicht,
ich nehme lieber die Fähre.*

sobrevivir
[soβreβi'βir] *v*
überleben

Los trajes protectores
pueden ser de gran ayuda
para sobrevivir.

*Schutzanzüge können durchaus
beim Überleben helfen.*

chocar
[tʃo'kar] *v*
zusammenstoßen

¡Pedazo de bruto! ¡Por un pelo
no hemos chocado!

*Du Riesenrindvieh! Wir wären
um ein Haar zusammengestoßen!*

de repente
[de rre'pente] *adv*
plötzlich

Anton tuvo de repente una
idea genial.

*Anton hatte plötzlich eine
super Idee.*

el choque
['tʃoke] *n*
der Zu-
sammenstoß

el incendio
[in'θendio] *v*
der Brand

salvar
[sal'βar] *v*
retten

el accidente
[a(ɣ)θi'ðente] *n*
der Unfall

No lo he hecho a propósito,
ha sido un accidente.

*Das hab' ich nicht absichtlich
gemacht, das war ein Unfall.*

el **animal**

ani'mal] *n*

das Tier

No, Mia, no nos los podemos
llevar: los **animales** no son
para estar en el piso.

Nein Mia, die können wir
nicht mitnehmen – Tiere
gehören nicht in die Wohnung!

el **cerdo**, la **cerda**
['θɛrðo, 'θɛrða] *n*
das Schwein

En la vida a veces hay que ser
un cerdo.

*Im Leben muss man eben
manchmal ein Schwein sein.*

la **vaca**
['baka] *n*
die Kuh

¡Este ternero me está quitando
toda la leche de mi vaca!

*Dieses Kalb säuft mir die
ganze Milch meiner Kuh weg!*

el **ternero**,
la **ternera**
[tɛr'nero, tɛr'nera] *n*
das Kalb

el **caballo**
[ka'βaʎo] *n*
das Pferd

Otra vez he apostado hoy por
el caballo equivocado.

*Ich hab' heute wieder aufs
falsche Pferd gesetzt.*

el **perro**, la **perra**
['pɛrro, 'pɛrra] *n*
der Hund

Mi perro viene enseguida cuando abro la lata.

*Mein Hund kommt sofort, wenn
ich die Dose öffne.*

la **cabra**
['kaβra] *n*
die Ziege

¿Cabras que se suben a los
árboles? ¡No me lo creo!

*Ziegen, die auf Bäume klettern?
Glaub' ich nicht!*

la **oveja**
[o'βexa] *n*
das Schaf

Las ovejas se quedaron
mirándome enfadadas cuando
saqué la cámara.

*Die Schafe starrten mich böse
an, als ich die Kamera zückte.*

la **lana**
['lana] *n*
die Wolle

La lana ha bastado para
hacer un gorrito estupendo.
¡Gracias, mami!

*Die Wolle hat auch noch für
ein prima Mützchen gereicht.
Danke Mami!*

el ratón
[rra'tɔn] *n*
die Maus

el gato, la gata
['gato, 'gata] *n*
die Katze

El ratón se siente todavía seguro,
pero el gato tiene tiempo…

*Noch fühlt sich die Maus
sicher, aber die Katze hat Zeit…*

el pájaro, el ave
['paxaro], ['aβe] *n*
der Vogel

Los pájaros no tienen frío en los
pies tan rápido como las personas.

*Vögel frieren nicht so schnell an
den Füßen wie Menschen.*

el pez
[peθ] *n*
der Fisch

Siempre pensé que los peces
vivían debajo del agua.

*Ich dachte immer, Fische leben
unter Wasser.*

la gallina
[ga'ʎina] *n*
die Henne

Mamá, ¿por qué las gallinas no
vuelan aunque tienen alas?

*Mama, warum fliegen Hennen
nicht, obwohl sie Flügel haben?*

la hierba
['jerβa] *n*
das Gras

Sentir la hierba bajo los pies:
¡por fin es verano!

*Das Gras unter den Füßen
spüren – endlich ist Sommer!*

la rosa
['rrɔsa] *n*
die Rose

El número de la rosa lo sacamos
de una película.

*Die Nummer mit der Rose haben
wir aus einem Film geklaut.*

la flor
[flɔr] *n*
die Blume

El negocio de las flores
está floreciendo.

Das Geschäft mit Blumen floriert.

la hoja
['ɔxa] *n*
das Blatt

el árbol
['arβɔl] *n*
der Baum

A ese árbol me subía yo cuando era una niña. Pero los dos éramos más pequeños.

Auf diesen Baum bin ich schon als Mädchen geklettert. Aber da waren wir beide noch kleiner.

la rama
['rrama] *n*
der Zweig, der Ast

la madera
[ma'ðera] *n*
das Holz

En medio del bosque, construimos en un árbol una casa de madera.

Mitten im Wald bauten wir ein Baumhaus aus Holz.

el algodón
[alɣo'ðɔn] *n*
die Baumwolle

Este algodón tendría que bastar para algunas camisetas.

Die Baumwolle dürfte für ein paar T-Shirts reichen.

el cereal
[θere'al] *n*
das Getreide

Los alemanes hacen pan con los tipos más diversos de cereal.

Die Deutschen backen aus den verschiedensten Arten von Getreide ihr Brot.

crecer
[kre'θer] *v*
wachsen

la planta
['planta] *n*
die Pflanze

Desde que aquí crecen plantas, apenas vendo globos.

Seit hier Pflanzen wachsen, verkaufe ich kaum mehr Luftballons.

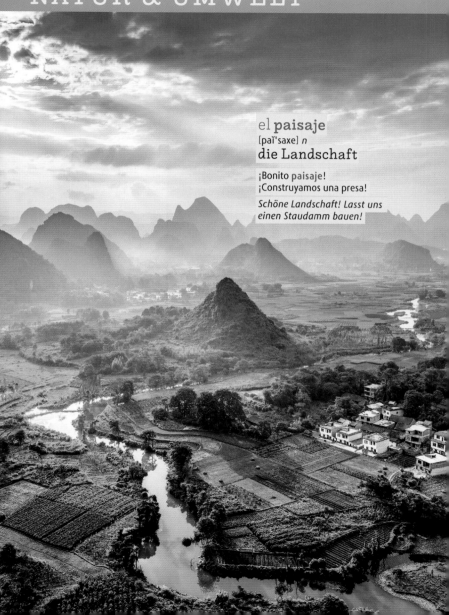

el **paisaje**
[paï'saxe] *n*
die Landschaft

¡Bonito paisaje!
¡Construyamos una presa!

*Schöne Landschaft! Lasst uns
einen Staudamm bauen!*

el **medio ambiente**
['meðĭo am'bĭente] *n*
die Umwelt

El medio ambiente interesa
menos cuanto más lejos se esté.

*Die Umwelt interessiert umso
weniger, je weiter man weg ist.*

la **zona**
['θona] *n*
das Gebiet, die Zone

Mi verdadera zona problemática
es la boca.

*Meine wirkliche Problemzone ist
mein Mund.*

la **región**
[rrɛ'xĭɔn] *n*
die Region

Yo siempre pruebo todas las
especialidades de la región.

*Ich probiere immer alle
Spezialitäten der Region.*

regional
[rrɛxĭo'nal] *adj*
regional

A algunos les gusta pasear por el
bosque en traje regional.

*Manche gehen gerne in ihrer regi-
onalen Tracht im Wald spazieren.*

el **continente**
[kɔnti'nente] *n*
der Kontinent

Después de los vikingos, también
Colón descubrió el continente.

*Nach den Wikingern entdeckte
auch Kolumbus den Kontinent.*

el **campo**
['kampo] *n*
das Land

La vida es dura en el campo.

*Das Leben ist hart auf
dem Land.*

el **suelo**
['sŭelo] *n*
der Grund,
der Boden

En cuanto el avión tocó el suelo,
el Sr. Ocupado ya estaba al
teléfono.

*Kaum berührt das Flugzeug den
Boden, schon hängt Herr Wichtig
am Telefon.*

el **terreno**
[tɛ'rrɛno] *n*
der Boden,
der Erdboden

¿Crees que mi árbol de
ositos de gominola crecerá
en este terreno?

*Glaubst du, mein Gummi-
bärchenbaum wächst auf
diesem Boden?*

el **hierro**
['jɛrro] *n*
das Eisen

¿Necesita 7300 toneladas de hierro? ¡Qué casualidad! Las tenemos por aquí...

Sie brauchen 7300 Tonnen Eisen? So ein Zufall, die haben wir hier rumstehen ...

el **gas**
[gas] *n*
das Gas

Falsa alarma: no era gas, sino la sopa de cebolla de Lisa.

Falscher Alarm: Es war kein Gas, sondern Lisas Zwiebelsuppe.

el **petróleo**
[pe'troleo] *n*
das Erdöl

¿Cómo? ¿Quemáis simplemente todo el precioso petróleo?

Wie, ihr verbrennt das ganze schöne Erdöl einfach?

el **metal**
[me'tal] *n*
das Metall

El metal cambia de forma bajo alta presión.

Metall verändert seine Form unter hohem Druck.

el **oro**
['oro] *n*
das Gold

¿Qué te parece mi nuevo diente de oro?

Wie findste meinen neuen Goldzahn?

la **plata**
['plata] *n*
das Silber

Al principio, la cubertería de plata tenía 96 piezas.

Ursprünglich hatte das Silberbesteck mal 96 Teile.

el **terremoto**
[terre'moto] *n*
das Erdbeben

No, no ha sido un arquitecto chiflado, sino un terremoto.

Nein, kein durchgeknallter Architekt, nur ein Erdbeben.

el **desierto**
[de'sĭerto] *n*
die Wüste

¡Una piscina en medio del desierto! ¡Qué maravilla!

Ein Pool mitten in der Wüste – herrlich!

el **pico**
['piko] *n*
der Gipfel

las **montañas**
[mɔn'taɲas] *n*
die Berge, das Gebirge

Las montañas llaman, pero yo no hago caso.

Die Berge rufen, aber ich hör' weg.

el **bosque**
['bɔske] *n*
der Wald

el **río**
['rrio] *n*
der Fluss

la **colina**
[ko'lina] *n*
der Hügel

En esa casa sobre la colina me gustaría envejecer.

In diesem Haus auf dem Hügel möchte ich alt werden.

el **camino**
[ka'mino] *n*
der Weg

Tú siempre con tus atajos. ¡Este camino no lleva a ninguna parte!

Du immer mit deinen Abkürzungen. Dieser Weg führt ins Nichts!

il lago
['la:go] *n*
der See

L'alce esce dal lago e io
l'aspetto sulla riva.

*Der Elch steigt aus dem See,
und ich erwarte ihn am Ufer.*

la orilla
[o'riʎa] *n*
das Ufer

la costa
['kɔsta] *n*
die Küste

La casa de vacaciones en la costa
no tenía playa.

*Das Ferienhaus an der Küste
hatte überhaupt keinen Strand.*

la playa
['plaja] *n*
der Strand

Hannes pasó otra vez una
semana maravillosa en la playa.

*Hannes verbrachte wieder eine
herrliche Woche am Strand.*

la isla
['izla] *n*
die Insel

¡Chicas, he alquilado la isla toda
la semana!

*Hey Mädels, ich hab' die Insel
die ganze Woche gemietet.*

el agua
['aɣŭa] *n*
das Wasser

¿No quieres probar en
el agua?

*Willst du es nicht doch
mal im Wasser probieren?*

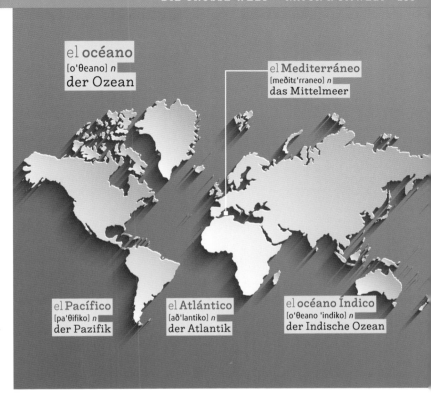

el **océano**
[o'θeano] *n*
der Ozean

el **Mediterráneo**
[meðit'rraneo] *n*
das Mittelmeer

el **Pacífico**
[pa'θifiko] *n*
der Pazifik

el **Atlántico**
[að'lantiko] *n*
der Atlantik

el **océano Índico**
[o'θeano 'indiko] *n*
der Indische Ozean

la **ola**
['ola] *n*
die Welle

Solo tenemos que pasar
esta ola, después lo
hemos conseguido.

*Wir müssen noch durch
diese Welle, dann
haben wir es geschafft.*

el **mar**
[mar] *n*
das Meer

Sin atascos por el mar, de
camino a la reunión de tortugas.

*Ohne Stau durchs Meer auf dem
Weg zum Schildkrötentreffen.*

el **tiempo**
['tǐempo] *n*
das Wetter

No hay **tiempo** malo, solo
ropa poco apropiada.

*Es gibt kein schlechtes
Wetter, nur falsche
Kleidung.*

el **clima**
['klima] *n*
das Klima

El **clima** está cambiando, hijo.
*Das Klima verändert sich,
mein Kind.*

la **temperatura**
[tempera'tura] *n*
die Temperatur

Con la **temperatura** adecuada,
corto cristal con las tijeras.

*Bei der richtigen Temperatur
schneide ich Glas mit der Schere.*

soleado, soleada
[sole'aðo, sole'aða] *adj*
sonnig

En días soleados, prefiero bebidas sin alcohol.

An sonnigen Tagen bevorzuge ich alkoholfreie Drinks.

normal
[nɔr'mal] *adj*
normal, üblich

La nieve en Pascuas se ha convertido casi en cosa normal.

Schnee zu Ostern ist schon fast normal geworden.

refrescar
[rrɛfres'kar] *v*
abkühlen

Quien quiera refrescar el piso tiene que calentar el medio ambiente.

Wer die Wohnung abkühlen will, muss die Umwelt heizen.

caluroso, calurosa
[kalu'roso, kalu'rosa] *adj*
heiß

frío, fría
['frio, 'fria] *adj*
kalt

cálido, cálida
['kaliðo, 'kaliða] *adj*
warm

la nube
['nuβe] *n*
die Wolke

La cilindrada, muy bien, pero lo más importante para él era la estupenda nube.

Hubraum schön und gut, aber das Wichtigste war ihm die schicke Wolke.

el calor
[ka'lɔr] *n*
die Hitze, die Wärme

el frío
['frio] *n*
die Kälte

nublado, nublada
[nu'βlaðo, nu'βlaða] *adj*
bewölkt

seco, seca
['seko, 'seka] *adj*
trocken

Solo a mano queda seco de
verdad.

*Richtig trocken wird es nur von
Hand.*

soplar
[so'plar] *v*
wehen, blasen

Cuando el viento sopla
tan fuerte, mi peluquero se
pone contento.

*Wenn der Wind so heftig weht,
freut sich mein Friseur.*

el viento
['bĭento] *n*
der Wind

mojado, mojada
[mɔ'xaðo, mɔ'xaða] *adj*
nass

Odio cuando mi corbata
está mojada.

*Ich hasse es, wenn meine Kra-
watte nass ist.*

la tempestad
[tempes'ta(ð] *n*
der Sturm

¡Cobardes! ¿Este airecillo
tibio lo llamáis tempestad?

*Ihr Memmen, dieses laue Lüft-
chen nennt ihr einen Sturm?*

la lluvia
['ʎuβĭa] *n*
der Regen

Bajo la lluvia me lo paso muy
bien. Mis padres, un poco
menos.

*Im Regen habe ich am meisten
Spaß. Meine Eltern weniger.*

el rayo
['rrajo] *n*
der Blitz

Los rayos no se detienen
ni ante las iglesias.

*Blitze machen auch
vor Kirchen nicht Halt.*

la tormenta
[tɔr'menta] *n*
das Gewitter

la niebla
['nĭeβla] *n*
der Nebel

La niebla cubrió amablemente la
zona industrial.

*Der Nebel hat das Industriege-
biet gnädig zugedeckt.*

nevar
[ne'βar] *v*
schneien

Solo los niños se alegran cuando nieva.

Nur Kinder freuen sich, wenn es schneit.

el fuego
['fu̯eɣo] *n*
das Feuer

En el fuego se quemó también toda mi colección de cómics.

Im Feuer verbrannte auch meine ganze Comicsammlung.

quemarse
[ke'marse] *v*
(ab)brennen

el hielo
['jelo] *n*
das Eis

Quedémonos mejor dentro, el balcón está lleno de hielo.

Bleiben wir lieber drin, der Balkon ist voll Eis.

la inundación
[inunda'θi̯ɔn] *n*
die Über-schwemmung

¿Esto es todavía un charco o es ya una inundación?

Ist das noch eine Pfütze oder schon eine Überschwemmung?

nebuloso, nebulosa
[neβu'loso, neβu'losa] *adj*
neblig

la nieve
['ni̯eβe] *n*
der Schnee

llover
[ʎo'βer] *v*
regnen

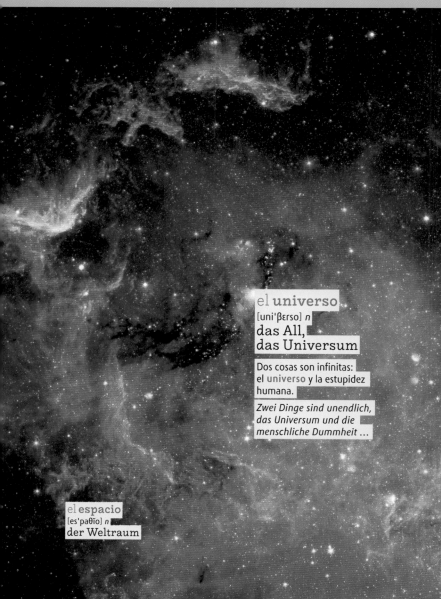

WELTALL

el universo
[uni'βɛɾso] *n*
**das All,
das Universum**

Dos cosas son infinitas:
el **universo** y la estupidez
humana.

*Zwei Dinge sind unendlich,
das Universum und die
menschliche Dummheit …*

el espacio
[es'paθĭo] *n*
der Weltraum

el cielo
['θїelo] *n*
der Himmel

Los aviones tienen que estar
en el cielo, no en la playa.

*Flugzeuge gehören in den
Himmel, nicht an den Strand.*

la luna
['luna] *n*
der Mond

la Tierra
['tїerra] *n*
die Erde

De la Tierra a la luna, la luz
necesita apenas 1,5 segundos.

*Von der Erde zum Mond braucht
das Licht knapp 1,5 Sekunden.*

el sol
[sɔl] *n*
die Sonne

El sol a veces tiene un sentido
especial para el dramatismo.

*Die Sonne hat manchmal einen
besonderen Sinn für Dramatik.*

el aire
['aїre] *n*
die Luft

Extraño animal: lleva el aire a
la espalda.

*Seltsames Tier: Es trägt seine
Luft auf dem Rücken.*

la estrella
[es'treʎa] *n*
der Stern

Cada auténtica estrella tiene aquí
una estrella.

*Für jeden echten Star gibt es hier
einen Stern.*

el satélite
[sa'telite] *n*
der Satellit

El rayo mortal del satélite
apuntó hacia Bad Aibling.

*Der Todesstrahl des Satelliten
richtete sich auf Bad Aibling.*

el/la astronauta
[astro'naйta] *n*
**der Astronaut,
die Astronautin**

No todos los astronautas
se llaman Major Tom.

*Nicht jeder Astronaut heißt
Major Tom.*

RAUM & ZEIT

el **tiempo**

['tǐempo] *n*

die Zeit

Un eclipse de sol es visible solo durante poco **tiempo**.

Eine Sonnenfinsternis sieht man nur für kurze Zeit.

el **año**

[ˈaɲo] *n*

das Jahr

Se dice que en el **Año** del Dragón nacen los grandes hombres.

Im Jahr des Drachen, heißt es, werden große Männer geboren.

el **enero**
[e'nero] *n*
der Januar

el **febrero**
[fe'βrero] *n*
der Februar

el **marzo**
['marθo] *n*
der März

el **abril**
[a'βril] *n*
der April

el **mayo**
['majo] *n*
der Mai

el **junio**
['xunĭo] *n*
der Juni

el **julio**
['xulĭo] *n*
der Juli

el **agosto**
[a'ɣɔsto] *n*
der August

el **se(p)tiembre**
[se(p)'tĭembre] *n*
der September

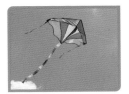

el **octubre**
[ɔk'tuβre] *n*
der Oktober

el **noviembre**
[no'βĭembre] *n*
der November

el **diciembre**
[di'θĭembre] *n*
der Dezember

la primavera
[prima'βera] *n*
der Frühling

el verano
[be'rano] *n*
der Sommer

el otoño
[o'toɲo] *n*
der Herbst

el invierno
[im'bi̯erno] *n*
der Winter

**la estación
(del año)**
[esta'θi̯ɔn (del 'aɲo)] *n*
die Jahreszeit

Cada estación del año tiene su peligro.

Jede Jahreszeit hat ihre Gefahren.

el mes
[mes] *n*
der Monat

El mes de agosto para muchos significa lo mismo que vacaciones.

Der Monat August ist für viele gleichbedeutend mit Ferien.

la semana
[se'mana] *n*
die Woche

Heinz está preparando sus medicamentos para la semana.

Heinz richtet seine Medikamente für die Woche her.

Bei Datumsangaben stehen Grund- und nicht Ordnungszahlen. Beim Ersten des Monats kann man allerdings die Grundzahl, el uno, und die Ordnungszahl, el primero, benutzen.

el **fin de semana**
[fin de se'mana] *n*
das Wochenende

El fin de semana por fin volví a ver a Manu.

Am Wochenende habe ich Manu endlich wiedergesehen.

el **día laborable**
['dia laβo'raβle] *n*
der Werktag

La firma del contrato no fue un día laborable como otro cualquiera.

Die Vertragsunterzeichnung war kein Werktag wie jeder andere.

el **lunes**
['lunes] *n*
der Montag

el **martes**
['martes] *n*
der Dienstag

el **miércoles**
['mĭɛrkoles] *n*
der Mittwoch

el **jueves**
['xŭeβes] *n*
der Donnerstag

el **viernes**
['bĭernes] *n*
der Freitag

el **sábado**
['saβaðo] *n*
der Samstag

el **domingo**
[do'miŋgo] *n*
der Sonntag

248

Nochebuena
[notʃe'βũena] *n*
der Heiligabend

No, Sophie, las bolas se quedan
ahí hasta **Nochebuena**.

*Nein Sophie, die Kugeln bleiben
bis nach Heiligabend dran.*

la Navidad,
las Navidades
[naβi'ða(ð)], [naβi'ðaðes] *n*
Weihnachten

Este año pasamos las **Navidades**
en la playa.

*Dieses Jahr verbringen wir
Weihnachten am Strand.*

el día de Año Nuevo
['dia ðe 'aɲo 'nũeβo] *n*
der Neujahrstag

El día de **Año Nuevo** ya se
habían olvidado todos los
buenos propósitos.

*Schon am Neujahrstag waren
alle guten Vorsätze vergessen.*

la Nochevieja
[notʃe'βĩexa] *n*
Silvester

No me imagino
Nochevieja sin fuegos
artificiales.

*Ohne Feuerwerk
kann ich mir Silvester
gar nicht vorstellen.*

el **carnaval,**
los **carnavales**
[karna'βal], [karna'βales] *n*
der Karneval

En los **carnavales** de este
año, Marisa hizo su gran
actuación con las mariposas.

*Im diesjährigen Karneval
hatte Marisa ihren
großen Auftritt mit den
Schmetterlingen.*

el **Viernes Santo**
['bĭɛrnes 'santo] *n*
der Karfreitag

El Viernes Santo hay proce-
siones por todo el mundo.

*Am Karfreitag gibt es überall auf
der Welt Prozessionen.*

la **Pascua**
['paskŭa] *n*
Ostern

¿De verdad crees que en
Pascua viene un conejo que trae
huevos?

*Glaubst du wirklich, dass zu
Ostern ein Hase Eier bringt?*

Pentecostés
[penteko̞s'tes] *n*
Pfingsten

En Pentecostés baja el
Espíritu Santo.

*An Pfingsten kommt der
Heilige Geist herab.*

el **día**
['dia] *n*
der Tag

Ese fue el día en el que Oskar
aprendió a montar en bicicleta.

*Das war der Tag, als Oskar
Fahrrad fahren gelernt hat.*

diario, diaria
[di'arĭo, di'arĭa] *adj*
täglich

Ya he dado mi paseo diario en barco, así que ahora puedo irme a comer.

Nachdem ich meine tägliche Schiffstour gemacht habe, kann ich jetzt essen gehen.

la mezzanotte
[meddza'nɔtte] *n*
die Mitternacht

A mezzanotte apparve lo spirito della figliastra morta.

Um Mitternacht erschien der Geist der toten Stieftochter.

por las mañanas
[pɔr las ma'ɲanas] *adv*
morgens

Por las mañanas voy a jugar al golf antes del trabajo.

Morgens gehe ich noch vor der Arbeit Golf spielen.

de día
[de 'dia] *adv*
tagsüber, am Tag

de noche
[de 'notʃe] *adv*
nachts

esta noche
['esta 'notʃe] *adv*
heute Abend

la mañana
[ma'ɲana] *n*
der Morgen

el mediodía
[meðĭo'ðia] *n*
der Mittag

la tarde
['tarðe] *n*
der Nachmittag, der Abend

la noche
['notʃe] *n*
die Nacht

por la mañana
[pɔr la ma'ɲana] *phrase*
morgens, vormittags

Por la mañana, los niños entran en el colegio...

Vormittags gehen die Kinder in die Schule ...

el segundo
[se'ɣundo] *n*
die Sekunde

Quedan dos segundos para las doce.

Es sind noch zwei Sekunden bis zwölf.

por la tarde
[pɔr la 'tarðe] *phrase*
nachmittags, abends

... y **por la tarde** salen corriendo otra vez.

... und nachmittags rennen sie wieder raus.

el minuto
[mi'nuto] *n*
die Minute

Las espinacas congeladas necesitan ocho minutos en mi microondas.

Tiefkühlspinat braucht acht Minuten in meiner Mikrowelle.

Man sagt a eso de las tres oder hacia las tres – „ungefähr um drei", wenn die Uhrzeit nicht genau bekannt ist.

la hora
['ora] *n*
die Stunde

Una ópera así puede durar muchas horas. Muchísimas horas...

So eine Oper kann viele Stunden dauern. Sehr viele Stunden ...

a la(s)
[a la(s)] *prep*
um

A la una de la mañana todavía hay movimiento en las calles.

Um ein Uhr nachts ist auf den Straßen noch was los.

las **seis menos siete minutos**
[las seɪs 'menɔs 'sɪ̈ete mi'nutos] *phrase*
sieben Minuten vor sechs

las **nueve menos cuarto**
[las 'nŭeβe 'menɔs 'kŭarto] *phrase*
Viertel vor neun

las **tres en punto**
[las 'tres em 'punto] *phrase*
Punkt drei Uhr

las **siete y cuatro minutos**
[las 'sɪ̈ete i 'kŭatro mi'nutos] *phrase*
vier nach sieben

las **nueve y media**
[las 'nŭeβe i 'meðɪ̈a] *phrase*
halb zehn

¿Qué hora es?
[ke 'ora es] *phrase*
Wie spät ist es?

No tengo ni idea de **qué hora es**.
Ich habe keine Ahnung, wie spät es ist.

el **cuarto de hora**
['kŭarto ðe 'ora] *n*
die Viertelstunde

Un cuarto de hora, dijo, y fue hace media hora.
Eine Viertelstunde hat sie gesagt, und das war vor einer halben Stunde …

la **media hora**
['meðɪ̈a 'ora] *n*
die halbe Stunde

hoy
[ɔǐ] *adv*
heute

Hoy voy a pillar la ola perfecta.

Heute erwische ich die perfekte Welle.

ayer
[a'jɛr] *adv*
gestern

Si ayer hubiera cambiado
el agua…

*Hätte ich gestern nur das Wasser
gewechselt …*

mañana
[ma'ɲana] *adv*
morgen

Mañana la flor tendría que
haberse abierto por completo.

*Morgen müsste die Blüte ganz
aufgegangen sein.*

mientras
['mĩentras] *conj*
während

Mientras hace
el número del
monociclo, Tom
hace malabarismos
con cinco pelotas.

*Während seiner
Einradnummer
jongliert Tom mit
fünf Bällen.*

ahora
[a'ora] *adv*
jetzt

Descansemos ahora que se ha
dormido.

*Lass uns jetzt ausruhen, sie ist
eingeschlafen.*

hace
['aθe] *adv*
vor

Fue hace 85 años, cuando mis
abuelos se casaron.

*Das war vor 85 Jahren, als meine
Großeltern heirateten.*

la fecha
['fetʃa] *n*
das Datum

El reloj de Erik da incluso la
fecha correcta.

*Eriks Uhr zeigt sogar das
richtige Datum an.*

el momento
[mo'mento] *n*
der Moment

Esperó justo hasta el momento
oportuno.

*Sie passte genau den
richtigen Moment ab.*

cuándo
['kũando] *adv*
wann

¿Cuándo iba a recogerme papá?
Wann wollte Papa mich abholen?

**primero,
en primer lugar**
[pri'mero]
[en pri'mɛr lu'gar] *adv*
zuerst, als Erstes

entonces
[en'tɔnθes] *adv*
dann

por último
[pɔr 'ultimo] *adv*
zuletzt, als Letztes

temprano
[tem'prano] *adv*
früh

Si llego lo suficientemente
temprano, tendré el lago todo
para mí.

*Wenn ich früh genug da bin,
habe ich den See ganz für mich.*

tarde
['tarðe] *adv*
spät

En ciudades como esta, la gente
se acuesta muy tarde.

*In Städten wie dieser gehen die
Menschen sehr spät schlafen.*

a tiempo
[a 'tǐempo] *adv*
rechtzeitig

Menos mal que el anillo ha
llegado a tiempo.

*Zum Glück ist der Ring noch
rechtzeitig geliefert worden.*

improvvisamente
[improvviza'mente] *adv*
plötzlich

Improvvisamente si udì un
boato e una valanga precipitò
verso di noi.

*Plötzlich knallte es, und eine
Lawine raste auf uns zu.*

después de
[des'pŭes] *prep*
nach

Después de comer, cada
uno quita su plato. Si no, no hay
postre.

*Nach dem Essen räumt jeder
seinen Teller ab, sonst gibt es
keinen Nachtisch.*

empezar
[empe'θar] *v*
beginnen, anfangen

Las vacaciones **empiezan** bien…

Die Ferien fangen ja gut an …

acabar(se)
[aka'βarse] *v*
(be)enden

La película del Oeste acabó como de costumbre.

Der Western endete wie üblich.

parar
[pa'rar] *v*
anhalten, aufhören

¡Rápido, para la máquina!

Schnell, halt die Maschine an!

en seguida
[en se'yiða] *adv*
sofort

El médico de urgencias vino en seguida.

Der Notarzt war sofort da.

antes de
['antez de] *prep*
bevor, vor

¡Haz el favor de quitarte las botas antes de entrar!

Zieh gefälligst deine Stiefel aus, bevor du reinkommst!

pronto
['pronto] *adv*
früh, bald

Pronto llegará el momento, y entonces se acabó el salir por las noches.

Bald ist es soweit, und dann ist es vorbei mit abends Weggehen.

desde
['dezðe] prep
lang, seit

Desde la Edad de Piedra, el hombre intenta seguir formándose.

Seit der Steinzeit versucht der Mensch, sich weiterzubilden.

desde bezieht sich auf einen bestimmten Zeitpunkt oder einen beendeten Zeitraum, desde hace bezieht sich immer auf einen andauernden Zeitraum.

desde hace
['dezðe 'aθe] prep
seit

Manfred y Erika viven juntos sin estar casados desde hace 50 años.

Manfred und Erika leben seit 50 Jahren in wilder Ehe.

hasta
['asta] prep
bis

Da igual que no se vea ningún tren: tenemos que esperar hasta que la barrera se suba.

Auch wenn kein Zug zu sehen ist: Wir müssen warten, bis die Schranke hoch geht.

ya
[ja] adv
schon

¿Parezco ya tan viejo?

Sehe ich wirklich schon so alt aus?

normalmente
[nɔrmal'mente] adv
meistens, normalerweise, gewöhnlich

Cuando la miro así, normalmente mi dueña sale conmigo.

Wenn ich so schaue, geht Frauchen meistens mit mir raus.

a menudo, muchas veces
[a me'nuðo], ['mutʃaz 'βeθes] adv
oft, häufig

En Venecia se acaba a menudo con los pies mojados.

Nasse Füße kann man sich in Venedig oft holen.

tardar
[tar'ðar] v
dauern

Tiene el periódico: va a tardar.

Er hat die Zeitung dabei – das wird dauern.

nunca
['nuŋka] *adv*
nie, niemals

*Nie kannst du warten,
bis alle da sind!*

¡Nunca esperas hasta que estén todos!

Siempre tienes algo de lo que quejarte.

siempre
['sĩempre] *adv*
immer

*Immer hast du
was zu meckern.*

a veces
[a 'βeθes] *adv*
manchmal

A veces, Dolly es la única que
entiende mis poemas.

*Manchmal ist Dolly die Einzige,
die meine Gedichte versteht.*

todavía
[toða'βia] *adv*
noch

Por favor, no cierren todavía,
estoy aún en la oficina.

*Bitte noch nicht abschließen, ich
bin noch im Büro.*

todavía no
[toða'βia no] *adv*
noch nicht

pocas veces
['pokaz 'βeθes] *adv*
selten

ya no
[ja no] *adv*
nicht mehr

durante
[du'rante] *prep*
während, für

el lugar
[luˈɣar] *n*
der Ort, der Platz

Quería mantener este lugar
en secreto, pero el grupo
de viaje me siguió.

*Ich wollte diesen Ort geheim
halten, aber die Reisegruppe
war mir gefolgt.*

el **pueblo**
['pŭeβlo] *n*
das Dorf

… en el **pueblo** hay más espacio, pero eso no quiere decir que llevarse bien sea más fácil.

… im Dorf hat man mehr Platz, aber miteinander auskommen ist deshalb nicht leichter.

la **ciudad**
[θĭu'ða(ð)] *n*
die Stadt

En la **ciudad**, las personas deben saber llevarse bien en muy poco espacio…

In der Stadt müssen Menschen auf engstem Raum miteinander auskommen …

el **barrio**
['barrĭo] *n*
das Viertel

¿Vives en este **barrio**? ¿No te parece demasiado turístico?

Wohnst du in diesem Viertel? Ist dir das nicht zu touristisch?

la **plaza**
['plaθa] *n*
der Platz

En esta **plaza** se colocará una imponente estatua ecuestre.

Auf diesen Platz gehört ein eindrucksvolles Reiterstandbild!

el **cementerio**
[θemen'terĭo] *n*
der Friedhof

¡No me gustaría estar enterrado en este **cementerio**!

Auf diesem Friedhof möchte ich nicht begraben sein!

el **parque**
['parke] *n*
der Park

De día el **parque** puede ser realmente bonito.

Tagsüber kann der Park wirklich schön sein.

a
[a] *prep*
in, an, nach

El tren ICE con destino a Hamburgo hoy, excepcionalmente, es puntual.

Der ICE nach Hamburg ist heute ausnahmsweise pünktlich.

Creo que allí arriba hay un buitre dando vueltas.

¿Dónde?

allí, allá
[a'ʎi, a'ʎa] *adv*
dort

Ich glaub', dort oben kreist ein Geier.

dónde
['dɔnde] *adv*
wo, wohin

Wo denn?

sobre, encima de
['soβre], [en'θima ðe] *prep*
auf, über

Cuando quiere estar cómoda, se tumba encima de los dos perros.

Wenn sie's bequem haben will, legt sie sich auf die beiden Hunde.

detrás de
[de'traz ðe] *prep*
hinter

¡Eh, no te escondas detrás del paraguas!

Hey, versteck dich nicht hinter dem Schirm!

la direzione
[dire'tsjo:ne] *n*
die Richtung

Ognuno decide da sé in che direzione andare.

Jeder entscheidet selbst, in welche Richtung er geht.

aquí
[a'ki] *adv*
hier, hierher

delante de
[de'lante ðe] *prep*
vor

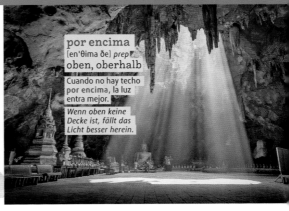

por encima
[en'θima ðe] *prep*
oben, oberhalb

Cuando no hay techo
por encima, la luz
entra mejor.

*Wenn oben keine
Decke ist, fällt das
Licht besser herein.*

el lado
['laðo] *n*
die Seite

¿Qué lado te gusta más?
Welche Seite gefällt dir besser?

arriba
[a'rriβa] *adv*
oben

abajo
[a'βaxo] *adv*
unten

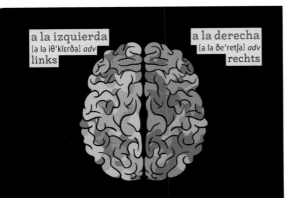

a la izquierda
[a la iθ'kïerða] *adv*
links

a la derecha
[a la ðe'retʃa] *adv*
rechts

avanti
[a'vanti] *adv*
nach vorn, vorwärts

Per il mio campione si va sempre
e solo avanti.

*Für meinen Champion geht
es immer nur nach vorn.*

en
[en] *prep*
in, auf, an

Me di un susto de muerte cuando vi lo que había en la caja.

Ich erschrak fast zu Tode, als ich sah, was in der Kiste war.

alrededor de
[alrreðe'ðɔr ðe] *adv*
um (herum)

Con asombro vi cómo la serpiente se fue enrollando alrededor de la rama.

Erstaunt sah ich zu, wie sich die Schlange nach und nach um den Ast wickelte.

por
[pɔr] *prep*
(ent)lang, durch, über

Caminad por la grieta y os quedaréis maravillados.

Geht nur durch den Spalt, und ihr werdet Augen machen!

debajo de
[de'βaxo ðe] *prep*
unter

Señora Müller, ¿qué está haciendo ahí, debajo de la mesa?

Frau Müller, was machen Sie denn da unter dem Tisch?

bajo, baja
['baxo, 'baxa] *adj*
niedrig

¡Qué casas más bajas hay ahí!

Da stehen aber niedrige Häuser!

al lado de
[al 'laðo ðe] *prep*
neben

Luke está sentado al lado de
Bob, y Bob está al lado de
Warren, y Warren…

Luke sitzt neben Bob, und Bob
neben Warren, und Warren …

alto, alta
['alto, 'alta] *adj*
hoch

A aquella cumbre alta de allí
quiero llegar hoy.

Zu diesem hohen Gipfel dort will
ich heute auch noch.

fuera
['fu̯era] *adv*
(dr)außen

dentro
['dentro] *adv*
(dr)innen

Dentro no se estaba
más caliente que **fuera**.

Drinnen war es auch nicht
wärmer als draußen.

Cuando me
tiran el palo
no hay
diferencia
entre los dos.

entre
['entre] *prep*
zwischen

Beim Stöckchenwerfen gibt
es zwischen den beiden
keinen Unterschied.

hacia
['aθi̯a] *prep*
nach, in Richtung

de
[de] *prep*
aus, von

dentro de
['dentro ðe] *prep*
in

el **color**
[ko'lɔr] *n*
die Farbe

¡El festival Holi de la India
sí que pone **color** en
nuestras vidas!

*Das indische Holi-Fest bringt
echt Farbe in unser Leben!*

la **línea**
['linea] *n*
die Linie

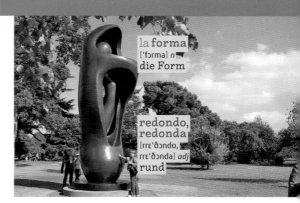

la **forma**
['fɔrma] *n*
die Form

redondo, redonda
[rrɛ'ðɔndo, rrɛ'ðɔnda] *adj*
rund

el **cuadrado**
[kŭa'ðraðo] *n*
das Quadrat

el **triángulo**
[tri'aŋgulo] *n*
das Dreieck

el **rectángulo**
[rrɛk'taŋgulo] *n*
das Rechteck

el **círculo**
['θirkulo] *n*
der Kreis

blanco, blanca
['blaŋko, 'blaŋka] *adj*
weiß

negro, negra
['neɣro, 'neɣra] *adj*
schwarz

amarillo, amarilla
[ama'riʎo, ama'riʎa] *adj*
gelb

gris
[gris] *adj*
grau

rosa ES, **rosado** LA
['rrɔsa], [rrɔ'saðo] *adj*
rosa

naranja
[na'raŋxa] *adj*
orange

rojo, roja
['rrɔxo, 'rrɔxa] *adj*
rot

verde
['bɛrðe] *adj*
grün

azul
[a'θul] *adj*
blau

marrón
[ma'rrɔn] *adj*
braun

violeta
[bǐo'leta] *adj*
violett

todo, toda
['toðo, 'toða] *adj, pron*
alles, alle

Aquí lo puedes tener **todo** y puedes cumplir **todos** tus deseos, siempre que el límite de tu tarjeta de crédito sea el adecuado.

Hier bekommst du alles und kannst alle deine Wünsche erfüllen, wenn dein Kreditkartenlimit stimmt.

mucho, muy
['mutʃo], [mŭi] *adv*
sehr

Quiero **mucho** a mi dueña,
porque abre para mi las latas.

*Ich liebe Frauchen sehr, weil sie
die Dosen für mich öffnet.*

Das Adverb mucho –
„sehr" *ist unverän-
derlich und steht
nach dem Verb.*
Muy – „sehr" *wird
mit Adverbien und
Adjektiven verwen-
det und steht vor
dem jeweiligen Wort.*

mucho, mucha
['mutʃo, 'mutʃa] *adj*
viel(e)

Para **muchos** de los partici-
pantes, era la primera maratón.

*Für viele der Teilnehmer
war es der erste Marathon.*

aproximadamente
[apro(y)simaða'mente] *adv*
etwa, ungefähr

La hamburguesa era
aproximadamente así de alta.

*Der Hamburger war ungefähr
so hoch.*

cuánto, cuánta
['kŭanto, 'kŭanta] *pron*
wie viel

¿**Cuánto** pide por todos
los trastos?

*Wie viel verlangen Sie für
den ganzen Krempel?*

algún, alguna
[al'ɣun, al'ɣuna] *pron*
irgendein(e)

Elija algún sitio.

*Suchen Sie sich irgend-
einen Platz aus.*

algunos, algunas
[al'ɣunɔs, al'ɣunas] *pron*
einige, ein paar

cualquier, cada
[kŭal'kĭɛr], ['kaða] *pron*
jede(r, -s)

nadie
['naðĭe] *pron*
niemand

algo
['alɣo] *pron*
etwas

¿Estás buscando algo concreto
en mis cajones?

*Suchst du was Bestimmtes in
meinen Schubladen?*

un poco
[um 'poko] *pron*
etwas, ein bisschen

… y ahora un poco de moco
de sapo…

*… und nun noch ein bisschen
Krötenschleim …*

Als Adverb kann poco natürlich auch Adjektive begleiten und modifizieren:
Esta novela es poco interesante. – „Dieser Roman ist wenig interessant."

¿Así de poco entrega hoy?

poco, poca
['poko, 'poka] *adj*
wenig

Liefern Sie heute nur so wenig?

más de
[mas de] *adv*
über, mehr als

Estás a punto de llenar el vaso más de lo que debes.

Gleich füllst du das Glas mehr, als du solltest.

más
[mas] *adv*
mehr

Ya no caben más tatuajes. ¡Qué pena!

Mehr Tattoos passen nicht drauf. Schade!

menos
['menɔs] *adv*
weniger

¡Fuera! Hoy se lleva menos bigote.

Weg damit. Man trägt heute weniger Schnurrbart.

todo el mundo
['toðo ɛl 'mundo] *pron*
alle, jeder

Todo el mundo quería inmortalizar el concierto.

Alle wollten das Konzert verewigen.

alguien
['alɣĭen] *pron*
jemand

¿Alguien puede ayudarme, por favor?

Kann mir vielleicht bitte jemand helfen?

bastante
[bas'tante] *adv*
genug

¡Creo que ya tienes **bastante** harina, Marie!

Ich glaube, du hast jetzt genug Mehl, Marie!

la **mitad**
[mi'ta(ð)] *n*
die Hälfte

¿Qué **mitad** quieres?
Welche Hälfte möchtest du?

el **grupo**
['grupo] *n*
die Gruppe

En el **grupo** tenemos que poder hablar verdaderamente de todo.
Wir müssen in der Gruppe über wirklich alles sprechen können.

la **parte**
['parte] *n*
der Teil

Junta todas las **partes**, a lo mejor podemos pegarlo.
Sammle alle Teile ein, vielleicht können wir es kleben.

el **par**, la **pareja**
[par], [pa'rexa] *n*
das Paar

Mira, he encontrado un **par** de esquís en el sótano.
Schau mal, ich habe ein Paar Ski im Keller gefunden.

el **metro**
['metro] *n*
der Meter

¡Dios mío, ya mides un **metro**!
Mein Gott, nun bist du schon einen Meter groß!

nada
['naða] *pron*
nichts

Como pueden ver, no ven nada.
Wie Sie sehen, sehen Sie nichts.

El volcán se eleva casi un kilómetro por encima del mar.
Fast einen Kilometer ragt der Vulkan über dem Meer auf.

el kilómetro
[ki'lometro] *n*
der Kilometer

la tonelada
[tone'laða] *n*
die Tonne

Este magnífico ejemplar pesa casi una tonelada.
Dieses Prachtexemplar wiegt fast eine Tonne.

el grado
['graðo] *n*
der Grad

Por debajo de los cero grados, el agua se convierte en hielo.
Unter null Grad wird Wasser zu Eis.

el kilo(gramo)
[kilo('ɣramo)] *n*
das Kilo(gramm)

Con un kilo de oro podría irme de vacaciones sin preocupaciones.
Mit einem Kilo Gold könnte ich unbeschwert Urlaub machen.

el litro
['litro] *n*
der Liter

En el Oktoberfest, la cerveza solo se sirve en vasos de un litro.
Auf dem Oktoberfest gibt's Bier nur in Ein-Liter-Gläsern.

el milímetro
[mi'limetro] *n*
der Millimeter

el centímetro
[θen'timetro] *n*
der Zentimeter

el gramo
['gramo] *n*
das Gramm

el **número**

['numero] *n*

die Zahl, die Nummer

El **número** 8 atacó al
número 9, mientras el
número 6 bloqueaba.

*Die Nummer 8 attackierte
die Nummer 9, während
die Nummer 6 blockte.*

cero
['θero]
null

uno
[uno]
eins

dos
[dɔs]
zwei

tres
[tres]
drei

cuatro
['kŭatro]
vier

cinco
['θiŋko]
fünf

seis
[sɛĭs]
sechs

siete
['sĭete]
sieben

ocho
['otʃo]
acht

nueve
['nŭeβe]
neun

diez
[dĭeθ]
zehn

once
['ɔnθe]
elf

doce
['doθe]
zwölf

trece
['treθe]
dreizehn

catorce
[ka'tɔrθe]
vierzehn

quince
['kinθe]
fünfzehn

dieciséis
[dĭeθi'sɛĭs]
sechzehn

diecisiete
[dĭeθi'sĭete]
siebzehn

dieciocho
[dĭeθi'otʃo]
achtzehn

diecinueve
[dĭeθi'nŭeβe]
neunzehn

veinte
['bɛĭnte]
zwanzig

veintiuno
[bɛĭnti'uno]
einund-
zwanzig

veintidós
[bɛĭnti'ðɔs]
zweiund-
zwanzig

veintitrés
[bɛĭnti'tres]
dreiund-
zwanzig

veinti-
cuatro
[bɛĭnti'kŭatro]
vierund-
zwanzig

treinta
['trɛĩnta]
dreißig

cuarenta
[kŭa'renta]
vierzig

cincuenta
[θiŋ'kŭenta]
fünfzig

sesenta
[se'senta]
sechzig

setenta
[se'tenta]
siebzig

ochenta
[o'tʃenta]
achtzig

noventa
[no'βenta]
neunzig

cien
[θĩen]
(ein)
hundert

ciento uno
['θĩento 'uno]
hundert-
undeins

**quinien-
tos**
[ki'nĩentɔs]
fünf-
hundert

1,000
mil
[mil]
(ein)tausend

No estoy seguro de si son cien o si son mil pies…

Ich bin mir nicht sicher, ob es hundert oder tausend Füße sind …

1,000,000
un millón
[un mi'ʎɔn]
eine Million

Un millón de creyentes rezando.

Eine Million Gläubige beim Gebet.

1,000,000,000
mil millones
[mil mi'ʎones]
eine Milliarde

Esta casa cuesta mil millones de euros.

Dieses Haus kostet eine Milliarde Euro.

contar
[kɔn'tar] v
zählen

Tienes que contar hasta cien…
Du musst bis 100 zählen …

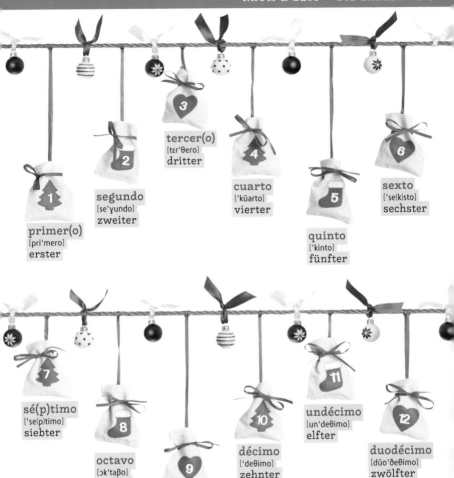

primer(o)
[pri'mero]
erster

segundo
[se'ɣundo]
zweiter

tercer(o)
[ter'θero]
dritter

cuarto
['kŭarto]
vierter

quinto
['kinto]
fünfter

sexto
['se(k)sto]
sechster

sé(p)timo
['se(p)timo]
siebter

octavo
[ɔk'taβo]
achter

noveno
[no'βeno]
neunter

décimo
['deθimo]
zehnter

undécimo
[un'deθimo]
elfter

duodécimo
[dŭo'ðeθimo]
zwölfter

Die weiblichen Formen der Ordnungszahlen werden regulär auf die Endung -a gebildet, also primera, segunda, tercera, usw.

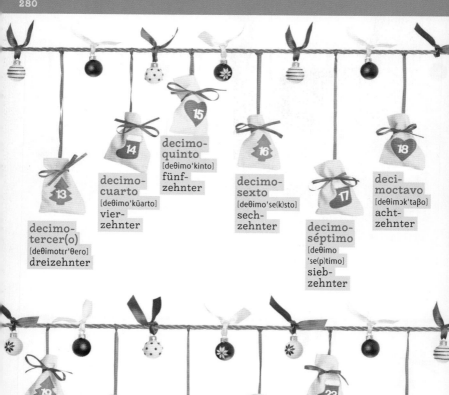

**decimo-
tercer(o)**
[deθimoterˈθero]
dreizehnter

**decimo-
cuarto**
[deθimoˈkŭarto]
vier-
zehnter

**decimo-
quinto**
[deθimoˈkinto]
fünf-
zehnter

**decimo-
sexto**
[deθimoˈse(k)sto]
sech-
zehnter

**decimo-
séptimo**
[deθimo
ˈse(p)timo]
sieb-
zehnter

**deci-
moctavo**
[deθimɔkˈtaβo]
acht-
zehnter

**decimo-
noveno**
[deθimonoˈβeno]
neun-
zehnter

vigésimo
[biˈxesimo]
zwan-
zigster

**vigésimo-
primer(o)**
[biˈxesimo
priˈmero]
einund-
zwanzigster

**vigésimo-
segundo**
[biˈxesimo
seˈɣundo]
zweiund-
zwanzig-
ster

**vigésimo-
tercer(o)**
[biˈxesimo
tɛrˈθero]
dreiund-
zwanzig-
ster

**vigésimo-
cuarto**
[biˈxesimo
ˈkŭarto]
vierund-
zwanzig-
ster

trigésimo
[triˈxesimo]
dreißigster

septuagésimo
[septu̯aˈxesimo]
siebzigster

cuadragésimo
[ku̯aðraˈxesimo]
vierzigster

octogésimo
[ɔktɔˈxesimo]
achtzigster

quincuagésimo
[kiŋku̯aˈxesimo]
fünfzigster

nonagésimo
[nonaˈxesimo]
neunzigster

sexagésimo
[se(ɣ)saˈxesimo]
sechzigster

centésimo
[θenˈtesimo]
hundertster

Im alltäglichen Spanisch sind die höheren Ordnungszahlen, insbesondere über 20, kaum gebräuchlich, stattdessen werden die Grundzahlen verwendet: "Diego celebra su setenta cumpleaños con una fiesta grande." – „Diego feiert seinen siebzigsten Geburtstag mit einer großen Party."

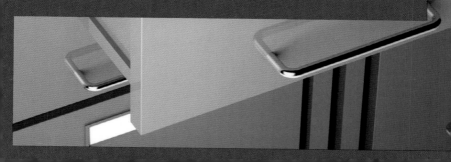

REGISTER

SPANISCH

A

a 262
a la derecha 263
a la izquierda 263
a la(s) 252
a menudo 258
a tiempo 256
a veces 259
abierta 192
abierto 192
abogada 155
abogado 155
abono 153, 222
abrigo 54
abril 245
abrir 120
abuela 60
abuelo 61
acabar(se) 257
accidente 225
aceite 170
aceituna 167
aceptar 43, 80
acera 219
ácido, ácida 164
aconsejar 79
acordarse de 31
acuerdo 81
acusada 103
acusado 103
acusar 102
¡Adelante! 87
¡Adiós! 73
adjetivo 143
administración 94
adulta 14
adulto 14
adverbio 143
adversaria 199
adversario,
aeronautica
aeropuerto 223

afeitarse 124
África 213
agarrar 37
agencia de viajes 207
agenda 161
agosto 245
agotada 193
agotado 193
agrícola 108
agricultura 108
agua 234
agua mineral 173
aguda 189
agudo 189
ahora 255
ahorrar 105
aire 241
al lado de 265
alarma 51
Albania 214
albergue (juvenil) 209
alcohol 173
alegre 23
alemán 215
alemana 215
Alemania 214
alfabeto 143
algo 272
algodón 229
alguien 273
algún 272
alguna 272
algunas 272
algunos 272
alimento 162
allá 262
allí 262
almacenes 191
almorzar 178
almuerzo 178
alojarse 119
alquilar 118
alquiler 119
alrededor de 264

alta 21, 265
altavoz 187
alterarse 84
alto 21, 265
alumna 135
alumno 135
amar 64
amarilla 268
amarillo 268
ambulancia 50
América del
    Norte 212
América del Sur 214
amiga 67
amigo 67
amistad 67
amistosa 67
amistoso 67
amor 64
amorale 101
ancha 56
ancho 56
andén 221
anillo 53
animal 226
ánimo 23
año 244
anónima 105
antes de 257
antigua 183
antiguo 183
anular 207
anuncio 150
apagar 128
aparcamiento 219
aparcar 219
apellido 72
apetito 163
aplazar 139
apoyar 83
apoyo 82
aprender 133
aproximadamen-
    te 271

apuntar 161
aquí 263
árbol 229
archivo 148
Argentina 212
argumento 184
arma 97
armario 127
armata 97
armato 97
arreglar 112
arriba 263
arroz 166
arte 182
artículo 153
asamblea 69
ascensor 119
asegurar 107
asesinato 103
asiento 221
asignatura 135
áspera 113
áspero 113
astronauta 241
atención 139
atender 193
atea 101
ateo 101
aterrizar 223
Atlántico 235
attività 35
atto 35
atún 170
aula 134
aumentar 107
Australia 213
Austria 214
auto 217
autobús 222
autopista 218
avanti 263
ave 228
avión 223
ayer 255

ayuda 83
ayudar 82
azúcar 172
azul 269

B

bailar 181
baile 181
baja 21, 264
bajar 107
bajo 21, 117, 187,
    189, 264
balcón 121
balón 198
bañador 57
bañarse 125
banco 105
bandera 91
bañera 124
bar 176
barata 194
barato 194
barca 224
barco 224
barriga 16
barrio 261
bastante 274
batería 188
bebé 13
beber 163
bebida 172
belga 215
Bélgica 214
belleza 20
besar(se) 64
beso 64
biblioteca 185
bici 217
bicicleta 217
Bielorussia 215
bien 139
¡Bien, gracias! 87
billete 106, 220

BILDNACHWEIS

Adobe Stock, Dublin: 3.4 (Ralf Gosch); 7.2 **ff.** (Jan Engel); 12 (herlanzer); 13.3 (Racle Fotodesign); 13.4, 25.3 (Dron); 14.1 (photophonie); 14.5, 20.2, 26 (ArTo); 279, 280 (ventura); 15.2 (DenisProduction.com); 15.3, 106.1, 149.1, 172.7 (Gina Sanders); 21.1 (Katie Little); 23.7, 36.2, 251.3 (ARochau); 24.2, 66.3 (auremar); 24.5 (Anatolii); 27.2, 67.4 (Franz Pfluegl); 27.3 (G.Light); 27.5 (Naj); 28.4 (Sam Edwards/KOTO); 29.5, 65, 93, 101, 139, 143, 145, 215 (picsfive); 29.4 (suksamranpix); 30.5 (rico287); 30.6 (grafikkollektiv); 31.1, 99.1 (Vladimir Mucibabic); 32.2 (Bergringfoto); 37.6 (Andreas P); 38.5, 178.2 (Kadmy); 40.2 (velirina); 40.3 (benik.at); 41.2 (bella); 42.1 (Sergii Mostovyi); 42.2 (Wollwerth Imagery); 43.1 (master1305); 43.2 (Patryk Doering); 43.4 (EdNurg); 45.2 (Andrei Korzhyts); 45.4 (drubig-photo); 45.6 (Sean Gladwell); 45.8 (AVAVA); 47.2 (djoronimo); 47.3 (Tatyana); 49.2 (Markus Mainka); 49.6 (Alfredo); 50.2 (ISO K Medien GmbH); 50.4 (Udo Kroener); 50.6, 160.3 (Peter Atkins); 56.5 (Domforstock); 62.3 (lightpoet); 63.2 (Rawpixel.com); 64.2 (Sven Roethig); 64.3 (Blaumeise); 64.4 (LIGHTFIELD STUDIOS); 64.5 (Ramona Smiers); 65.5 (theartofphoto); 66.4 (michaeljung); 68.3 (refresh(PIX)); 68.5 (Zooropa); 68.9, 180.2 (Scott Griessel); 71.1, 117.4 (Patrizia Tilly); 72.1 (redhorst); 72.5 (A.Rein.); 74.1 (Berchtesgaden); 74.4, 80.4, 80.5 (Robert Kneschke); 76.2 (Yakobchuk Olena); 76.3 (Tatsiana); 79.7, 247.3 (Kzenon); 80.1 (styf); 82.2 (MAK); 83.2, 105.6 (Eisenhans); 83.7 (Daniel Hohlfeld); 85.3 (Glaser); 87.3 (Sergey Novikov); 91.3.4 (cmfotoworks); 93.3, 133.5, 253.2 (Jürgen Fälchle); 95.1 (Harry Marx); 99.5 (andyh12); 100.1 (Sergej Koschevoj); 101.2 (nickolae); 102.3 (jonbilous); 103.1 (Yay Images); 105.2 (Dan Race); 106.2 (forestpath); 107.1 (Guido); 107.3 (Jürgen Fälchle); 119.3 (ClaraNila); 120.4 (DREIDESIGN.com); 124.2 (Dirima); 125.4 (Piotr Marcinski); 127.6 (RTimages); 130.3 (Gabi Moisa); 131.3 (Visions-AD); 133.3 (Christian Schwier); 135.3 (Sven Bähren); 136.1 (Drobot Dean); 138.3 (diego cervo); 146.2 (Patryk Kosmider); 149.2 (Jean-Pierre); 150.1 (highwaystarz); 155.3 (fotogestoeber); 155.7 (Minerva Studio); 156.1 (Darwis); 156.2 (Kitty); 157.1, 234.2 (Günter Menzl); 158.3 (pizuttipics); 163.7 (W. Heiber Fotostudio); 165.2 (Jiri Miklo); 165.5 (yamix); 164.4 (kab-vision); 169.5 (ykordik); 172.1 (IrisArt); 172.4 (liveostockimages); 175.4 (Pixelbliss); 176.2 (emmi); 180.1, 210.7 (Tom Bayer); 184.2 (shoot4u); 191.2 (Mimi Potter); 191.3 (Maurizio Milanesio); 193.3 (Andy Nowack); 197.4, 227.3 (gandolf); 198.1 (Freefly); 198.2 (Galina Barskaya); 198.5 (.shock); 199.1 (Dudarev Mikhail); 199.3 (Kirill Zdorov); 199.4 (carmeta); 201.2 (Lovrencg); 203.1 (pics); 207.2 (Tatjana Balzer); 210.1 (peisker); 215.4 (mstein); 217.1 (Victimy); 217.6 (Frank-Peter Funke); 218.3 (DOC RABE Media); 218.6 (Katalin); 220.5 (#CNF); 222.4 (s4svisuals); 227.4 (Nadine Haase); 229.2 (grafikplusfoto); 236.1 (athapet); 238.7 (PANORAMO); 239.4 (Daniel Strauch); 245.9 (frenta); 246.5 (2xSamara.com); 252.6 (Ekaterina Belova); 256.4 (chesterF); 256.5 (pwmotion); 258.4 (Himmelssturm); 259.3 (Elnur); 261.1 (ErnstPieber); 264.1 (Damblon Dimitri); 264.4 (M. Siegmund); 264.5 (steffenw); 265.3 (Netzer Johannes); 265.4 (WavebreakMediaMicro); 268.5 (Paul Orr); 255.4 (Tatiana Morozova); **Getty Images, München:** 4.2, 7.3, 282 (tiero); 5, 32.1, 33.3 (Stockbyte); 13.1, 35.1 (BananaStock); 13.6 (Dean Mitchell); 14.4 (Digital Vision); 15.5 (R-DESIGN); 15.6 (LanceB); 20.3 (ninjaMonkeyStudio); 21.3 (EmirMemedovski); 23.5 (alexemanuel); 24.4 (barisurunlu); 25.4 (IpekMorel); 27.1 (kraphix); 27.4, 27.6 (drbimages); 27.7 (mbbirdy); 28.2 (Polka Dot RF); 28.5 (cornecoba); 29.1 (James Woodson); 29.3, 62.6, 89.1, 125.1, 191.5 (Jupiterimages); 30.2, 54.8, 180.4 (Goodshoot); 31.2, 224.2 (Image Source); 32.5 (timnewman); 33.2, 136.2 (Gizmo); 33.4 (enviromantic); 34, 54.6, 77.1, 238.3 (Michael Blann); 35.5, 110.3 (Zoonar RF); 37.2 (Lisa-Blue); 38.1 (Wavebreakmedia Ltd); 41.1 (Nickos); 41.4 (yurok); 42.5 (shironosov); 44 (nullplus); 45.3 (Siri Stafford); 45.7 (Ingram Publishing); 46.7 (pijama61); 49.7 (Otti38); 62.2 (Creatas Images); 63.4 (ASphotowed); 66.5, 149.4 (Creatas); 73.2 (mediaphotos); 74.2 (gemenacom); 77.8 (Jeremy Poland); 79.2 (PhotoObjects.net); 79.6 (bogdanivan); 80.3 (ferrantraite); 81.1 (Hill Street Studios); 85.1 (eurobanks); 91.4 (paulprescott72); 92.5 (kparis); 95.2 (papashark); 95.5 (Digital Vision.); 97.8 (captblack76); 117.7 (NickyLloyd); 131.4 (Nick Dolding); 135.5 (alacatr); 137.4 (AlesVeluscek); 151.1 (Sashkinw); 157.3 (alvarez); 158.2 (Sandralise); 164.3 (Yurii Kushniruk); 172.6 (Bildvision_AB); 179.3 (ta damichi); 179.4 (tadamichi); 182.1 (-oqlpo-); 185.4 (msderrick); 197.3 (JPeragine); 199.2 (tatsi); 201.3 (Urilux) 202.2 (GoodLifeStudio); 208.2 (Juan Silva); 210.5 (TokioMarineLife); 211.3 (miralex); 219.5 (Ryan McVay); 225.5 (pomphotomine); 228.1 (powerofforever); 228.2 (Prachanda Rawal); 239.1 (Dreef); 255.5 (Thomas Northcut); 256.8 (AlxeyPnferov); 260 (diegograndi); 268.2 (AYakovlev); 273.3 (sodapix); **Gettyimages:** 13.5 (Image Source); **PONS Archiv, Stuttgart:** 38.2, 146.1, 161.4 (Pons Archiv); **Shutterstock, New York:** U1 (Dean Drobot); 3.1, 10, 11 (serg_dibrova); 3.2, 114, 115, 68.4 (pio3); 3.3, 58, 59 (MJTH); 4.1, 204, 205 (Oleg Znamenskiy); 4.3, 242, 243 (sdecoret); 6.1, 124.5 (Andrey Chmelyov); 6.2, 125.5.5 (Voyagerix); 6.3 **ff.** (Picsfive); 6.4, 41.3 (Rob Hainer); 7.1, 258.1 (HitToon); 7.4, 54.1.1, 46.5 (ArtFamily); 13.2 (Pentium5); 13.7 (Artem Furman); 14.2, 63.1 (Nomad_Soul); 14.3, 24.3, 82.5, 258.8, 278.14 (Diego Cervo); 15.1, 48.2, 124.4 (Oksana Kuzmina); 15.4, 77.7, 87.1, 89.4, 119.4 (Photographee.eu); 17.2 (Subbotina Anna); 17.3 (Tinydevil); 17.4 (Ron Leishman); 18.2, 19.1 (Mauro Carli); 18.1, 249.3 (Ivan_Nikulin); 18.3 (alexandru UsPhoto); 18.4 (Ander5); 20.1 (Kletr); 20.4 (RimDream); 21.2 (Tinny Photo); 21.4 (rui vale sousa); 21.5, 267.4 (Kiselev Andrey Valerevich); 21.6, 31.3, 33.5, 35.4, 36.1, 39.2, 42.6, 47.7, 49.1, 51.1, 54.7, 65.1, 69.4, 74.3, 75.4, 77.3, 79.4, 81.2, 96.1, 97.7, 102.4, 105.5, 109.3, 111.2, 130.2, 131.2, 132, 135.6, 138.4, 145.5, 148.1, 152.1, 156.4, 158.1, 164.4, 166.6, 175.2, 177.2, 181.1, 185.1, 186.1, 188.5, 192.4, 195.1, 200.2, 207.6, 218.4, 220.1, 221.2, 223.6, 225.3, 238.4, 253.3, 257.3, 259.2, 262.4, 273.2 (Everett Collection); 22, 257.4 (Volodymyr Baleha); 23.1 (MANDY GODBEHEAR); 23.2, 94.3 (Maryna Pleshkun); 23.3, 99.4 (Nejron Photo); 23.4 (Canon Boy); 23.6, 69.1, 137.1, 137.2, 178.1, 185.2, 194.3, 252.1 (wavebreakmedia); 24.1 (anna karwowska); 24.6 (Lana K); 25.1 (Leah-Anne Thompson); 25.2 (Chad Zuber); 25.5 (Helder Almeida); 25.6 (MCarper); 27.8, 265.2 (Ppictures); 28.1 (iordani); 28.3 (amophoto_au); 28.6, 63.3, 83.5, 103.3 (CREATISTA); 29.2 (Andrei Mayatnik); 30.1, 92.6, 94.5 (Pressmaster); 30.3 (Paul Vasarhelyi); 30.4, 201.5 (rad fx); 31.4, 250.1 (Andrey Yurlov); 32.3 (Oksana Mizina); 32.4 (vivairina1); 32.6 (Lopolo); 32.7 (Images by Dr.

(gyn9037); **151.**3 (arogant); **152.**2 (Microgen); **152.**3, **249.**4 (Sue McDonald); **153.**1 (nevenm); **153.**3 (Matt Antonino); **153.**4, **171.**4 (stockfour); **153.**5 (iofoto); **153.**6 (Voronin76); **155.**1 (Anna Demianenko); **155.**2 (TFoxFoto); **155.**4, **221.**3, **245.**2 (l i g h t p o e t); **155.**5 (Sorbis); **155.**6 (van_Nikulin); **156.**3 (Konstantin Chagin); **156.**5, **199.**5 (matimix); **157.**5 (Freeman Studio); **158.**4 (flashgun); **159.**1 (SFC); **159.**3 (Bashigo); **159.**4 (Slatan); **160.**1 (Eimantas Buzas); **160.**2 (MSharova); **161.**1 (Creativa Images); **161.**3 (Guillem Calatrava); **161.**5 (werny); **163.**1, **266.**1 (Natalia Deriabina); **163.**2 (Insect-World); **163.**3 (WOLF AVNI); **163.**4 (Denis Burdin); **163.**6 (Martin Gaal); **164.**1 (Frank Chang); **164.**2 (Denisov Dmitry); **165.**1 (Denis Kichatof); **165.**3 (bogdanhoda); **165.**4 (Vladimir Nenezic); **166.**2 (Lilly Trott); **166.**3 (Rachata Teyparsit); **166.**5 (Thomas M Perkins); **167.**2 (Evgeny Karandaev); **167.**3 (yevgeniy11); **167.**4 (3523studio); **168.**1 (nmedia); **168.**2 (freya-photographer); **168.**3 (Massimiliano Pieraccini); **168.**4 (Svekrova Olga); **169.**1 (Alexander Raths); **169.**2 (Jka); **169.**3 (Natasha Breen); **169.**4 (stockcreations); **169.**6 (Dalibor Sevaljevic); **170.**1 (Gua); **170.**2 (zixian); **170.**3 (Ensuper); **170.**4 (Gilmanshin); **170.**5 (ben bryant); **171.**1, **184.**3, **207.**1, **275.**6 (Kzenon); **171.**2 (monofaction); **171.**3 (vichni); **171.**5 (Dmitry Elagin); **171.**6, **261.**3 (Botond Horvath); **172.**5 (Tsuguliev); **173.**1, **187.**3 (Federico Rostagno); **173.**2, **209.**4 (Edler von Rabenstein); **173.**3 (Sergej Cash); **173.**4 (Sundraw Photography); **173.**5 (Billion Photos); **173.**6 (Eskymaks); **173.**7 (Image Point Fr); **174.**1 (Denizo71); **175.**1 (True Touch Lifestyle); **175.**3 (Rommel Canlas); **175.**5 (Jaros); **175.**6 (Efired); **176.**1 (Yulia Grigoryeva); **176.**3 (Olesya Kuznetsova); **176.**4, **223.**1 (Romrodphoto); **177.**1, **258.**7 (javarman); **177.**3 (Shaiith); **178.**3 (Jack Frog); **178.**5 (Mirelle); **179.**1 (Mike Pellinni); **179.**2 (Dmitriy Bryndin); **180.**3 (Petrenko Andriy); **180.**6 (Sean Locke Photography); **180.**7 (drawkman); **181.**2 (Gergely Zsolnai); **183.**1 (Irina Mosina); **183.**2 (Geoff Goldswain); **183.**3 (phloxii); **183.**5, **270.**1 (andersphoto); **184.**1 (Jack.Q); **185.**3 (Diana Hlevnjak); **185.**5 (Ondrej Prosicky); **186.**2, **274.**3 (SpeedKingz); **186.**3 (Olga Visavi); **186.**4 (testing); **187.**1, **272.**4 (Yayayoyo); **187.**2 (Alexey Laputin); **187.**4 (PrinceOfLove); **188.**1 (TDC Photography); **188.**2 (digitalreflections); **188.**3 (Terrence Meehan); **188.**4 (erebnora); **189.**1 (Sodel Vladyslav); **189.**2 (Fidel); **189.**3 (MZPHOTO.CZ); **190.**1 (Oscity); **191.**1, **193.**5, **271.**5 (Radiokafka); **192.**3 (Ikpro); **193.**1 (Free Belarus); **193.**2 (niskytok); **193.**4 (Vilius Steponenas); **194.**1 (gnohz); **194.**2 (AS Inc); **194.**4 (Asianet-Pakistan); **195.**2 (Pincasso); **195.**3 (cunaplus); **195.**4 (MikeDotta); **196.**1 (Sergey Peterman); **197.**1 (Nestor Rizhniak); **197.**2 (Renars Jurkovskis); **197.**5 (ARKHIPOV ALEKSEY); **198.**3 (cynoclub); **199.**7 (PremiumVector); **199.**8 (Denis Moskvinov); **200.**1 (Prometheus72); **200.**3 (Stefan Holm); **200.**4 (zeljkodan); **200.**5 (360b); **201.**1, **273.**6 (Ververidis Vasilis); **201.**4 (Iryna Rasko); **202.**1 (ajt); **202.**3 (Comaniciu Dan); **202.**4 (Helen Bloom); **202.**5 (emin kuliyev); **203.**2 (AlohaHawaii); **203.**3 (Dainis); **203.**4 (dean bertoncelj); **203.**5 (PichetSupavet); **206.**1 (Konstantin Zaykov); **207.**4 (Kuz';min Pavel); **207.**7 (lightwavemedia); **208.**1 (donvictorio); **209.**2 (MPH Photos); **209.**3 (DoublePHOTO studio); **209.**5 (Ronald Sumners); **210.**2, **245.**6 (withGod); **210.**3 (Shchipkova Elena); **210.**4 (GoneWithTheWind); **210.**6 (leonardo2011); **211.**1 (Jacek Chabraszewski); **211.**4 (Sergejus Lamanosovas); **214**, **215.**1 (Bardocz Peter); **215.**2 (zkruger); **215.**3 (IriGri); **215.**5 (etorres); **216.**1 (Pumidol); **217.**2 (AlgizUral); **217.**3 (Kamira); **217.**4 (Lian Deng); **218.**1 (littlenySTOCK); **218.**2 (Taweesak Inmek); **218.**5 (Stephan Guarch); **219.**1 (Daxiao Productions); **219.**2 (Jamie Wilson); **219.**3 (James Steidl); **219.**4, **237.**5 (Art Konovalov); **220.**2 (Konstantin Tronin); **220.**3 (AKaiser); **220.**4 (Steve Photography); **220.**7 (happystock); **222.**1 (mkant); **222.**2 (joyfull); **222.**3 (Ellagrin); **223.**2 (potowizard); **223.**3 (PhaiApirom); **223.**4 (Kartouchken); **224.**1 (Angela N Perryman); **224.**3 (oksana.perkins); **225.**1 (Peter Zijlstra); **225.**2 (Ben Carlson); **226.**1 (Surkov Vladimir); **227.**1 (nik187); **227.**2 (Christian Musat); **227.**5 (Maciej Czekajewski); **227.**6 (Baronb); **227.**7 (Rasstock); **228.**3 (costas anton dumitrescu); **228.**4 (Doremi); **228.**5 (AlexMaster); **228.**6 (Maxim Ahner); **228.**7, **246.**6 (jan kranendonk); **229.**1 (SergeyIT); **229.**3 (Gilles Paire); **229.**4 (Scorpp); **229.**5 (feilzy); **230.**1 (aphotostory); **231.**1 (Mascha Tace); **231.**2 (Valentina Razumova); **231.**4 (Ruslan Iefremov); **231.**5 (Chones); **231.**6 (Styve Reineck); **231.**7 (PavleMarjanovic); **232.**1 (Enzojz); **232.**3 (VikOl); **232.**4 (Marso); **232.**5 (Fotoluminate LLC); **232.**6 (Bernd Schmidt); **233.**1 (Sadik Gulec); **233.**2 (Patrick Poendl); **233.**3 (Akawath); **233.**4 (iacomino FRiMAGES); **233.**5 (Dave Allen Photography); **234.**1 (Iehvis); **234.**3 (Aleksandar Todorovic); **234.**4 (waldru); **235.**1 (Juliann); **235.**2 (AQ_taro_neo); **235.**3 (Isabelle Kuehn); **236.**2 (FloridaStock); **236.**3 (jurra8); **237.**1 (kuzsvetlaya); **237.**2 (debr22pics); **237.**3 (NikD90); **237.**4 (MyImages - Micha); **238.**1 (Atstock Productions); **238.**4 (benik.at); **238.**5 (Ralf Maassen (DTEurope)); **238.**6 (Catalinka); **239.**2 (Dustie); **240.**1 (Aphelleon); **241.**1 (Ivan Cholakov); **241.**3 (LuminatePhotos by judith); **241.**4 (littlesam); **241.**5 (Tupungato); **241.**6 (Vadim Sadovski); **244** (Kertu); **245.**1 (Nickolya); **245.**3 (Irina Fischer); **245.**5 (dba duplessis); **245.**7 (Maridav); **245.**8 (Javier Brosch); **245.**10 (Golitsynsky); **245.**11 (CroMary); **245.**12 (Ricardo Reitmeyer); **246.**1, **246.**2, **246.**3, **246.**4 (mekcar); **246.**7 (adriaticfoto); **247.**2 (Hrecheniuk Oleksii); **248.**1 (Sergey Novikov); **248.**2 (Wallenrock); **248.**3 (Sarah Jane Taylor); **248.**4 (Chris Contos); **249.**1 (Migel); **249.**2 (josinadewit); **251.**1 (katalinks); **251.**2 (Spiroview Inc); **251.**4 (antoninaart); **252.**2 (optimarc); **252.**4 (Alena TS); **252.**5 (Igor Bulgarin); **253.**1 (Anastasia Bulanova); **255.**1 (Maria Zamuriy); **255.**2 (Marie C Fields); **255.**3 (giulia186); **255.**6 (Nor Gal); **255.**7 (triocean); **255.**8 (goodmoments); **256.**6 (Ekaterina Pokrovsky); **256.**7 (Lysogor Roman); **256.**1, **256.**2, **256.**3 (Pavel_Markevych); **257.**1 (ClimbWhenReady); **257.**2 (Vaclav Volrab); **257.**5 (ChickenStock Images); **257.**6 (pixelheadphoto digitalskillet); **258.**3 (Georgy Markov); **258.**5 (tommaso lizzul); **258.**6 (ziviani); **261.**2 (Leonid Andronov); **261.**4 (zhu difeng); **261.**5 (Paolo Gallo); **261.**6 (IM_photo); **262.**2 (MNStudio); **262.**5 (stable); **263.**2 (Nuttawut Uttamaharad); **263.**3 (Artush); **263.**4 (S1001); **263.**5 (Marinka Alisen); **263.**6 (anetapics); **264.**2 (Audrey Snider-Bell); **264.**3 (robert paul van beets); **265.**1 (Frank11); **267.**1 (Bignai); **267.**2 (Ron Ellis); **267.**3 (ermess); **267.**5 (RossHelen); **267.**6 (Gustavo Frazao); **268.**1 (Nataliya Turpitko); **268.**3 (yggdrasill); **268.**4 (Stefano Pellicciari); **268.**6 (DONOT6_STUDIO); **269.**1 (Jag_cz); **269.**2 (kaband); **269.**3 (Jasmine_K); **271.**1 (Mira Arnaudova); **271.**2 (Max Herman); **271.**4 (Kues); **272.**1 (Milosz Maslanka); **273.**4 (motuwe); **273.**5 (Misha Beliy); **273.**7 (Ariwasabi); **274.**1 (gmstockstudio); **274.**2 (mama_mia); **274.**4 (Niran Phonruang); **274.**5 (Ivan Smuk); **275.**2 (luigi nifosi); **275.**3 (BGSmith); **275.**4 (Inga Locmele); **276.**1 (Dmitry Argunov); **277**, **277**, **278** (defotoberg); **277.**1 (Imran Khan Photography); **278.**9 (Mike Flippo); **278.**11 (Ryan M. Bolton); **278.**12 (kan Sangtong); **278.**13 (Rahhal); **281.**1 (IKO-studio))